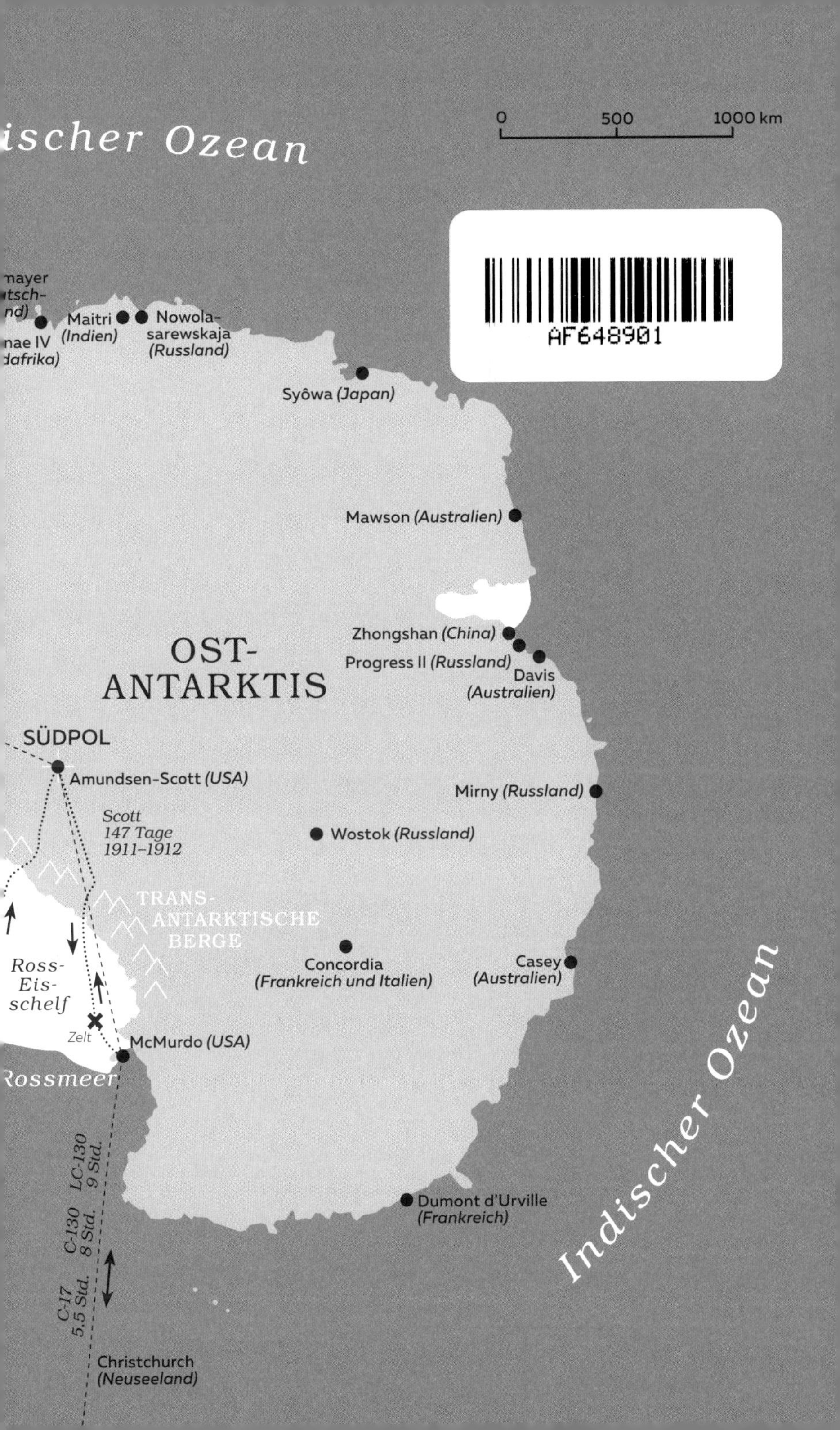
0
500
1000 km
Maitri (Indien)
Nowolasarewskaja (Russland)
Syôwa (Japan)
Mawson (Australien)
Zhongshan (China)
Progress II (Russland)
Davis (Australien)
OST-ANTARKTIS
SÜDPOL
Amundsen-Scott (USA)
Scott
147 Tage
1911–1912
Mirny (Russland)
Wostok (Russland)
TRANS-ANTARKTISCHE BERGE
Ross-Eis-schelf
Concordia (Frankreich und Italien)
Casey (Australien)
Zelt
McMurdo (USA)
LC-130
9 Std.
C-130
8 Std.
C-17
5.5 Std.
Dumont d'Urville (Frankreich)
Christchurch (Neuseeland)
Indischer Ozean

to all fellow Polies
past and present
especially all the ones
that are not
with us anymore

to everybody who has supported my adventures
for so many years

to my family and friends

Robert Schwarz
mit Felicitas Mokler

Unter den Polarlichtern der Antarktis

Inhalt

Robert Schwarz

mit Felicitas Mokler

Unter den Polarlichtern der Antarktis

Fünfzehn Winter Leben und Forschen am Südpol

KNESEBECK *Stories*

ANHANG

GEOGRAPHIC
SOUTH POLE
ROALD AMUNDSEN
DECEMBER 14, 1911
"So we arrived and were able to plant our flag at the geographical South Pole."
ROBERT F. SCOTT
JANUARY 17, 1912
"The Pole. Yes, but under very different circumstances from those expected."
ELEVATION 9,301 FT.

Im Anflug zum Südpol

Der Lärm der Motoren war ohrenbetäubend. Seit zwei Stunden saß ich im Rumpf einer Hercules LC-130 der amerikanischen Navy. Die Militärmaschine brachte uns von McMurdo am Rand der Antarktis zum Südpol. Die Stöpsel, die ich mir zum Schutz in die Ohren gesteckt hatte, halfen nur bedingt. Mit den übrigen Passagieren – ebenfalls Wissenschaftler wie ich – konnte ich mich nur schreiend unterhalten.

Das Ross-Eisschelf hatten wir bereits hinter uns gelassen, nun überquerten wir das Transantarktische Gebirge, das schroffe Eingangstor in den einsamen Kontinent. Die Aussicht, die ich aus dem Cockpitfenster genießen durfte, war beeindruckend. Hier am Beardmore-Gletscher waren vor fast hundert Jahren Ernest Shackleton und Robert Falcon Scott zu Fuß in die Antarktis vorgedrungen. Scotts norwegischer Kontrahent Roald Amundsen hatte einen Weg etwas weiter südwestlich gewählt.

Auch heute noch ist diese Eiswüste, die größte Wüste der Erde überhaupt, nicht weniger lebensfeindlich als einst. Die Antarktis ist eineinhalb Mal so groß wie Europa, im Winter verdoppelt sich die Fläche noch einmal durch Meereis. Von McMurdo bis zum Südpol sind es 1400 Kilometer. Das sind drei Flugstunden über unbesiedeltes, ja vollkommen unbelebtes Land.

Während die Temperaturen an der Küste des Kontinents von 0 °C bis -25 °C reichen, steigen sie am Südpol an einem heißen Sommertag auf -20 °C und fallen im Winter bis unter -80 °C. Sollten wir wegen technischer Probleme notlanden müssen, wären wir eine Zeitlang auf uns gestellt. Für den Fall der Fälle hatten wir eine Überlebensausrüstung dabei: Zelte, Schlafsäcke, Kocher und Proviant – für jeden Passagier nur das Notwendigste, um ein paar

Auf dem Flug zum Südpol

Tage in der einsamen Eiswüste überleben zu können, bis Hilfe eintraf.

Die drei Kilometer dicke, unberührte Eisschicht am Südpol war aber genau der Grund meiner Reise: Astronomen wollten das riesige Reservoir aus reinstem Eis nutzen, um winzigen Elementarteilchen aus dem Weltall, sogenannten Neutrinos, auf die Schliche zu kommen. Für das nächste Jahr würde es mein Job sein, zu diesem Zweck ein neues Experiment weiter mit aufzubauen.

Nach einer weiteren Stunde tauchte inmitten des unendlichen Weiß ein winziger dunkler Punkt auf: Völlig unscheinbar lag vor uns die Amundsen-Scott-Station, die amerikanische Forschungsstätte am geografischen Südpol.

Ich war froh, endlich anzukommen. Nach einigen ereignisreichen Wochen in den USA, in denen ich mich auf meinen Aufenthalt auf der Amundsen-Scott-Station vorbereitet hatte, war ich erst vor wenigen Tagen ins neuseeländische Christchurch gereist. Dort hatten wir unsere Extremwetter-Ausstattung und eine Einweisung zum Leben in der Antarktis erhalten. Nach acht Stunden Flug

Das Transantarktische Gebirge

mit einer Hercules C-130 der neuseeländischen Armee erreichten wir McMurdo, und von dort ging es dann einen Tag später weiter zum Südpol. Vor allem die letzten beiden Flüge, jeweils in Militärmaschinen, waren gewöhnungsbedürftig.

Gewöhnliche Sitze gab es in solchen Flugzeugen nicht. Im vorderen Bereich der Maschine waren die Flanken mit Fangnetzen ausgekleidet, an die wir uns auf Klappbänken sitzend anlehnten. Im Gang zwischen uns war Frachtgut gestapelt, ebenso im hinteren Teil des Flugzeugs. Abgesehen vom Lärm machte uns vor allem die Temperatur zu schaffen. Die Klimaanlage schien nur zwei Stufen zu kennen: Tiefkühlfach oder Grill. Unsere Polaranzüge hatten wir bereits angezogen – das war Pflicht, für den Fall einer Notlandung. Sobald die Klimaanlage vom Gefrier- in den Grillmodus umschaltete, legten wir Schicht für Schicht bis auf das T-Shirt ab. Dieser Zustand wechselte mehrfach hin und her und wir entsprechend oft unsere Kleidungsschichten. Doch verglichen mit Shackleton und seinen Zeitgenossen reisten wir immer noch ausgesprochen komfortabel.

Die Amundsen-Scott-Südpolstation inmitten der Eiswüste

Langsam glitt die Maschine dem Boden entgegen. Unterhalb von 200 Metern begannen wir in gleichbleibender Höhe zu kreisen. Irgendetwas stimmte nicht. Der »Flughafen« am Südpol ist nicht mehr als eine präparierte Schneepiste, das Fahrwerk der Hercules LC-130 zusätzlich mit Skiern ausgestattet. Einen Tower mit Radarleitsystem gibt es nicht. Der Pilot kann also nur auf Sicht landen.

Über uns war der Himmel strahlend blau, und auch zum Boden hin war die Sicht gut. Wenn ich mir ein wenig den Hals verrenkte, konnte ich durch das Bullauge in meinem Rücken meinen Chef am Rand der Landepiste stehen und uns zuwinken sehen. Der Wind wirbelte feine Eiskristalle auf. Zum Landen braucht es in Bodennähe eine Sichtweite von mindestens eineinhalb Kilometern, aber das war nicht der Fall. Eine Dreiviertelstunde und drei Landeversuche später drehten wir schließlich ab. Es ging zurück nach McMurdo. Immerhin hatte ich den Südpol nun schon einmal zu Gesicht bekommen! Als wir am nächsten Tag erneut aufbrachen, waren die Witterungsbedingungen am Südpol noch schlechter, doch beim vierten Landeversuch setzten wir endlich auf.

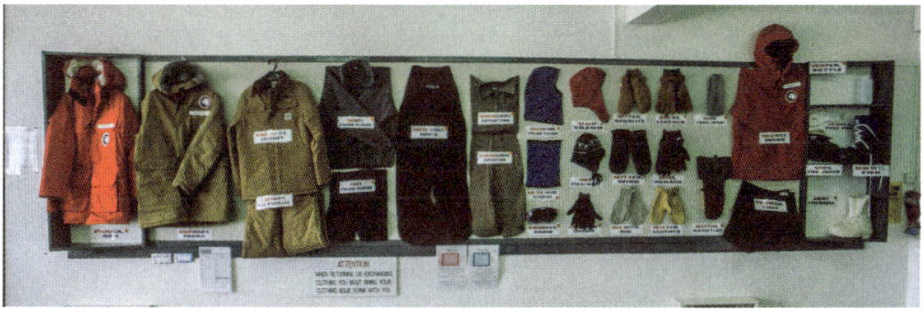

ECW gear, unsere Extreme-Cold-Weather-Ausrüstung

Die nächsten Momente hatten etwas Magisches. Wir verließen das Flugzeug durch die Crewdoor. Die vom Kerosingeruch erfüllte Luft, die lärmenden Motoren der Propellermaschine – all das ließ mich instinktiv an meine Fallschirmsprünge bei der Bundeswehr denken und löste unweigerlich einen Adrenalinschub bei mir aus.

Der Himmel leuchtete selbst durch die Skibrille noch gleißend hell. Jeder Schritt knarzte auf dem eisigen Schnee. Eine beißende, mir bis dahin völlig unbekannte Kälte schlug mir ins Gesicht. Für einen Moment stockte mir der Atem. Bei antarktisch-sommerlichen -40 °C blies ein harscher Wind. Das ist doch recht zapfig hier, dachte ich bei mir. Wie würde es wohl erst im Winter werden?

Als ich am 15. November 1996 zum ersten Mal am Südpol eintraf, waren die meisten der Winterover-Kollegen, die ich bei meinen Vorbereitungen in den USA kennengelernt hatte, bereits dort. Sie erwarteten uns direkt an der Landepiste. Es gab ein herzliches Wiedersehen.

Mit einem Hochgefühl stapfte ich meinem neuen Zuhause entgegen. Die Aluminiumkuppel der Amundsen-Scott-Station ragte dunkel aus dem Schnee. Kaum hundert Meter entfernt von ihr wehten zwölf Fahnen im Wind. Die Flaggen der Erstunterzeichnerstaaten des Antarktisvertrags markieren den zeremoniellen Südpol. Etwas abseits davon: die Stele des geografischen Südpols. An diesem Ort laufen alle Längengrade zusammen, von hier aus geht es nur

Unser Transport, eine LC-130 der US Navy

Der Dome, die Südpolstation von 1975 bis 2005

Der Eingang zur Station

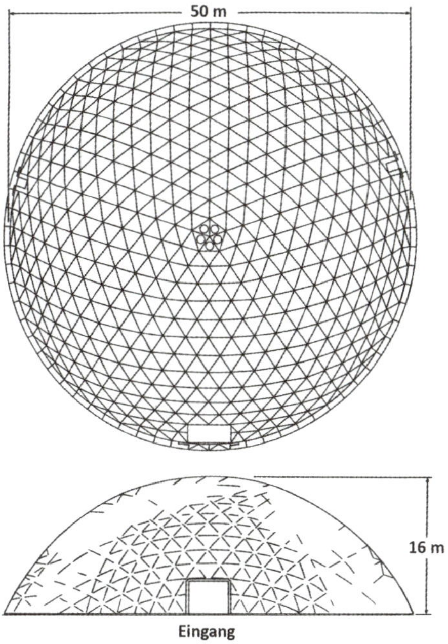

Die selbstragende Kuppelkonstruktion aus Aluminium

Richtung Norden. Um diesen Punkt zu erreichen, lieferten sich die Polarforscher und Abenteurer zu Beginn des 20. Jahrhunderts ein erbittertes Wettrennen. Dass ich einmal selbst hier stehen würde, hätte ich mir noch vor wenigen Monaten im Leben nicht träumen lassen.

Wie ich zu meinem Job am Südpol kam

Mein Abenteuer begann an einem heißen Julinachmittag in München. Als Physikstudent verdiente ich mir am Werner-Heisenberg-Institut (heute Max-Planck-Institut für Physik) etwas Geld dazu. Dort testete ich Platinen, die später in den Detektoren eines großen Teilchenbeschleunigers, des Deutschen Elektronen-Synchrotrons DESY, zum Einsatz kommen sollten.

Eines Tages brauchte ich von meinem Betreuer ein paar Informationen für meine Arbeit. Während dieser noch in ein Telefongespräch vertieft war, vertrat ich mir ungeduldig auf dem Gang vor seinem Büro die Füße. Mein Blick fiel auf ein Schwarzes Brett mit Aushängen und Stellenanzeigen aller Art. Kein Bedarf – ich hatte ja bereits einen Studentenjob, der mir Spaß machte.

Eine Ausschreibung machte mich allerdings neugierig: Gesucht wurde ein »Winterover Scientist« für den Südpol, der dort ein Neutrino-Experiment für ein Jahr betreuen sollte. Südpol, Antarktis, wie cool wäre das denn! Doch einige der Voraussetzungen waren mir bisher unbekannt, also rechnete ich mir keinerlei Chancen aus. Aber vielleicht würde sich so ein Aufenthalt am Pol in ein paar Jahren einmal mit meiner Diplomarbeit verbinden lassen. Kurz entschlossen schrieb ich eine E-Mail an die University of Wisconsin, die das Neutrino-Experiment am Südpol betrieb, um noch etwas mehr Informationen über die Stelle zu bekommen. Dann ging alles ganz schnell. Postwendend kam ein Einzeiler zurück, in dem man mich um einen Lebenslauf und drei Empfehlungsschreiben bat. Hier kam mir mein Studienaufenthalt in den USA nach meinem Vordiplom zugute, von dem ich erst ein halbes Jahr zuvor zurückgekehrt war. Anders als in Deutschland war der Kontakt zu den Professoren dort viel direkter, sie kannten ihre Studenten persönlich. So schickte ich zwei Referenzen aus den USA und eine von meinem Betreuer am Werner-Heisenberg-Institut zurück. Als ich meiner Mutter von der Bewerbung erzählte, meinte sie nur lapidar: »Warum sollten die ausgerechnet dich nehmen?«

Ein Telefonat – und eine Woche später kam das Jobangebot; von fünfzehn Bewerbern war die Wahl auf mich gefallen. Wie ich später erfuhr, wollte mein Münchener Betreuer mich offensichtlich nicht gehen lassen und hatte die amerikanischen Kollegen gefragt: »Habt ihr denn niemand anderen?« Diese Reaktion war wohl ausschlaggebend gewesen.

Natürlich habe ich sofort zugesagt. So eine Gelegenheit bekommt man nicht alle Tage! Und meine Mutter meinte, sie brauche jetzt erst einmal einen Schnaps. Wie viel Zeit ich aber am Ende tatsächlich am Südpol verbringen würde, konnte damals noch keiner ahnen.

Fußballspielen mit Atemschutz und Bunker Gear

Fußballspielen als Feuerwehrmann

Fünf Wochen später saß ich auf gepackten Koffern; Anfang September ging es für ein paar Wochen zur Vorbereitung nach Amerika. Zunächst stand im Hauptquartier des United States Antarctic Program (USAP) in Denver ein psychologischer Test an. Man wollte herausfinden, ob wir wirklich für die Arbeit und das Leben auf der Südpolstation geeignet waren. Denn die Situation dort ist auch im soziopsychologischen Sinn eine besondere. Für achteinhalb Monate sind die Winterover vollkommen von der Außenwelt abgeschnitten, sie können sich nur in den relativ begrenzten Räumlichkeiten der Station und der Wissenschaftsgebäude in ihrer Umgebung aufhalten. Die Bedingungen abseits davon sind lebensgefährlich. Eine Evakuierung im Winter war damals noch nicht möglich und wird auch heute nur im äußersten Notfall durchgeführt. Sie sind also rund um die Uhr aufeinander angewiesen.

Feuerwehrtraining

Der Persönlichkeitstest, der auch im Auswahlverfahren für Astronauten angewendet wurde, basierte auf dem Minnesota Multiphasic Personality Inventory. Das Verfahren war in den 1930er Jahren entwickelt worden, um psychische Störungen zu diagnostizieren. Wie sinnvoll das war, und ob der Test seinen Zweck erfüllte? Das würde sich später noch zeigen. Eine der ersten von 800 Multiple-Choice-Fragen lautete: »Reparieren Sie lieber eine Türklinke oder schreiben Sie lieber ein Gedicht?« Die Antwort darauf lag zumindest für mich auf der Hand. Nicht alle Fragen ließen sich so eindeutig beantworten, aber ich bestand den Test und wurde endgültig Teil des 28-köpfigen Winterover-Teams!

Realitätsnäher und auf Gruppendynamik ausgerichtet war der daran anschließende zweitägige Ropes-Course zum Teambuilding. Auf einem Kletterparcours lernten wir uns kennen und uns selbst und gegenseitig zu vertrauen. Zu wissen, wie man in Extremsituationen reagiert und dass man sich auf die anderen im Team verlassen kann, schafft Vertrauen und kann im Ernstfall sogar Leben retten.

Das Spannendste an der Vorbereitung war für mich jedoch das einwöchige Training an der Rocky Mountain Fire Academy. Wegen der extremen Trockenheit ist Feuer die größte Gefahr auf den Antarktisstationen, und wir sind dort unsere eigene Feuerwehr. Erschwerend kommt hinzu, dass wir zumindest am Südpol kein Löschwasser haben.

Um uns an die Schutzausrüstung inklusive Helm, Visier, Handschuhe und schweres Schuhwerk zu gewöhnen, durften wir erst einmal in voller Montur Fußball spielen. Bei +30 °C Septemberhitze in Colorado, auf einem Betonplatz. So bekamen wir ein Gefühl dafür, wie lange die Sauerstoffversorgung der Atemgeräte unter Anstrengung reichte. Schon nach etwa zehn Minuten klingelte die eingebaute Alarmglocke, weil die Luftflasche fast leer war. Dabei zeigte sich rasch, wer mit seiner Luft sparsam oder verschwenderisch war. Gewöhnlich sind Frauen in dieser Übung besser als Männer; sie haben kleinere Lungen und können dadurch besser mit ihrer Luft haushalten.

In einem Burn-Building gingen wir mit dem Feuer auf Tuchfühlung. Dafür wurden in einem geschlossenen Gebäude mehrere Stapel Holzpaletten in Brand gesetzt; nach wenigen Minuten erfüllte Rauch den Raum, die Temperaturen stiegen rasant. Um die Hitze hautnah zu erleben, zogen wir kurz einen Handschuh aus und konnten spüren, wie die Hitze stärker wurde, je höher man die bloße Hand hielt.

Bald konnten wir nur noch in Bodennähe etwas sehen; alles andere war vom Rauch verschluckt. Nach zehn Minuten öffnete unser Trainer die Außentür. Wir krochen auf allen vieren heraus, denn zwischen Boden und Decke waren es mittlerweile mehrere hundert Grad Unterschied.

Draußen liefen wir mit ausgestreckten Armen herum und ließen erst einmal die Schutzausrüstung abkühlen – bei angelegten Armen kann der Anzug unter den Achseln so heiß bleiben, dass man sich beim Ablegen daran verbrennt. Auch die Metallschnallen des Anzugs sind dann noch viel zu heiß, um sie anzufassen.

Während wir das Feuer beobachtet hatten, war es so heiß geworden, dass das hochgeklappte Schutzvisier des Helms, das wir sonst vor der Atemmaske trugen, angeschmolzen war und Blasen geworfen hatte. Geplant war das nicht, dennoch fühlte ich mich bei der Übung jederzeit sicher. Wir hatten ja unsere Schutzanzüge mit Atemgeräten und waren unter Beobachtung von erfahrenen Feuerwehrleuten. Es war einfach interessant zu sehen, wie schnell sich ein Feuer ausbreitet und welche Hitze es in so kurzer Zeit entwickelt.

Wir übten Feuer unterschiedlicher Größe zu löschen und wurden mit einer Reihe verschiedener Löschmittel vertraut gemacht. Außerdem lernten wir auf einem Parcours, wie man in einem heißen, verqualmten Raum eine Person findet, simuliert durch einen alten ausgestopften Feuerwehrschlauch in einem Schutzanzug. Ein Stück Stoff vor unseren Augen in der Maske verdeckte die Sicht und sollte dichten Rauch simulieren. Jeden Moment konnten unsere Trainer den Parcours unbemerkt von uns abwandeln, sodass es immer Überraschungen gab, auch wenn wir den Parcours ein weiteres Mal durchliefen. Wir tasteten uns kriechend in Zweierteams voran, ohne zu wissen, was uns hinter der nächsten Ecke erwartete.

Um ein Zimmer abzusuchen, gibt es spezielle Muster. Zur Orientierung im Raum hält man stets mit einem Fuß oder einer Hand Kontakt zur Wand oder zu den Möbeln davor. So verliert man nicht die Orientierung und findet jederzeit wieder hinaus. Während wir uns vorantasteten, warf einer der Ausbilder eine Schlinge über mich. Sie blieb an meiner Atemflasche hängen, und ich musste mich daraus befreien, ohne in Panik zu geraten.

Bevor es endgültig zum Südpol ging, verbrachte ich noch einige Wochen an der University of Wisconsin, um mich mit der Hardware des Experiments vertraut zu machen, und lernte anschließend an der University of California in Irvine noch etwas über die Datenverarbeitung.

Der Zimmergletscher

Der Eingang zum Dome, dem Wahrzeichen der damaligen Station, war bis obenhin eingeschneit. Eine frisch ausgegrabene Rampe führte hinunter zum Tor. Die Kuppel schützte die drei Hauptgebäude vor Wind und Schnee: die Galley mit Küche, Speisesaal und Bar, den Science-Trakt mit den Arbeitsplätzen der Wissenschaftler und unseren persönlichen Zimmern sowie das Comms-Gebäude mit den Büros der Stationsleitung, einem kleinen Shop, der Kommunikationszentrale, einer Elektronikwerkstatt, einer Bücherei und einem Billardraum. Auf einem Nebentrakt, dem

Die Gebäude im Dome, Gefrierschranktüren als Notausstiegsluken der Zimmer, Dutzende Recyclingbehälter vor den Gebäuden

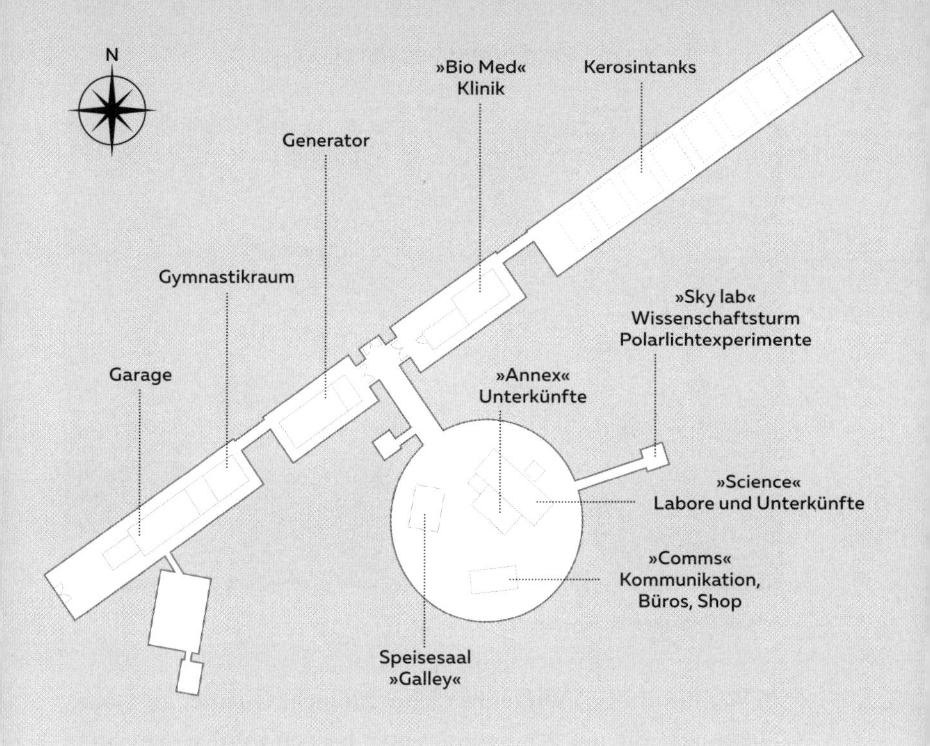

Karte der Hauptgebäude der Station

Annex, das ebenfalls Zimmer enthielt, befand sich zudem ein kleines Gewächshaus, das uns gelegentlich mit etwas frischem Salat versorgte. Viele Bezeichnungen hier entstammen der Sprache der US Navy, die die amerikanischen Stationen in McMurdo und am Südpol aufgebaut hatte.

Die Temperatur unter der Kuppel glich beinahe der Außentemperatur, nur in den Gebäuden selbst war geheizt. Der Dome hatte keine Fenster; nur ganz oben in der Außenhaut waren fünf Lüftungsöffnungen eingelassen, durch die etwas Tageslicht hereinfiel und das Kuppelinnere in ein angenehm gedämpftes Licht tauchte. In der kalten Luft gefror die Feuchtigkeit unseres Atems und der Abluft aus den Gebäuden zu Schneekristallen aus, die filigrane Eiszapfen bildeten und um die Luken herum wie Stalaktiten von der Decke hingen.

Schneestalaktiten im Inneren des Dome

Wie die übrigen Winterover hatte ich mein Quartier im Dome. Diejenigen, die nur den Sommer über bleiben würden, kamen im Sommercamp in Jamesways unter – beheizten Zelten aus dem Koreakrieg –, die etwas abseits vom Dome standen. Diese Aufteilung hatte einen Grund: Als Winterover hatten wir ja die Feuerwehrausbildung durchlaufen und waren so im Ernstfall direkt an Ort und Stelle.

Unsere Unterkunft mit kleinen Zimmern und Gemeinschaftsbad hatte den Charakter einer Jugendherberge. Mein Zimmer war mit viereinhalb Quadratmeter recht klein, von der Mitte aus konnte ich die Seitenwände mit ausgestreckten Armen berühren. Eingerichtet war es nur spartanisch: Es gab ein Bett, ein Regal und eine Obstkiste als Ablage. Eine Art Gefrierschranktür führte als Notausgang direkt hinaus in die Dome-Halle, für den Fall, dass der Gang durch ein Feuer versperrt war. Und dann war da noch ein Erbstück eines Vorgängers.

Es war mittlerweile üblich, das Zimmerinventar für den eigenen Aufenthalt je nach persönlichem Bedarf anzupassen. Jener Vorgän-

Summer Camp mit Jamesways, beheizten Zelten aus dem Koreakrieg

ger hatte die glorreiche Idee gehabt, sich einen kleinen Einbaukühlschrank einzurichten. Dazu hatte er eine Aussparung in die Wand gesägt, die Isolierung zur Hälfte entfernt und eine Tür davor angebracht. Darin hat er dann Getränke oder was auch immer gekühlt. Nun fehlte die Tür, und an der kalten Stelle hatte sich

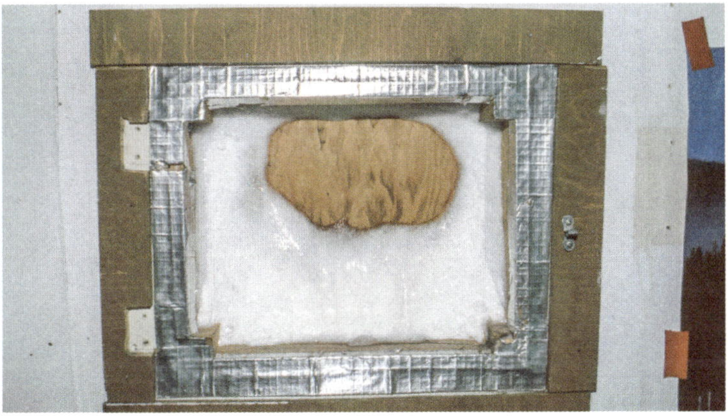

Der Zimmergletscher

Mein Zimmer, 4,5 m^2
klein und spartanisch

Das Zimmer ist fertig eingerichtet

Gemeinschaftsbad

mit der Zeit die Feuchtigkeit niedergeschlagen und war zu einem »Zimmergletscher« gefroren. Ich beseitigte ihn mit einer Axt und trocknete den Rest mit einem Heißluftgebläse. Den Leerraum füllte ich wieder mit Isoliermaterial auf und hängte das Regal davor. Ein weiterer, kleinerer Gletscher in einer kühlen Ecke an der Außenwand sollte mich dagegen noch länger begleiten. Hier schlug sich ebenfalls die Feuchtigkeit des Atems nieder und gefror. Mit den jahreszeitlich wechselnden Außentemperaturen wuchs er im Winter an und schrumpfte im Sommer wieder.

Ich versuchte mir meine Bleibe möglichst wohnlich einzurichten, schließlich musste ich es in diesen engen vier Wänden ein Jahr lang aushalten. Um noch etwas Platz zu gewinnen, ersetzte ich das Bett durch ein selbst gebautes Hochbett. Auf der Station gab es jede Menge Verpackungsmaterial, das eine prima Baugrundlage lieferte. Den Rahmen fertigte ich aus Holzkisten, in denen die Lichtsensoren für unser Experiment verpackt gewesen waren. Die Schaumstoffpolsterung, mit der die Kisten ausgekleidet waren, gab wiederum eine einigermaßen bequeme Matratze ab. Dazu ein Teppich mit Persermuster, den ich in einem Ein-Dollar-Laden in Christchurch

Der Flur

aufgetan hatte, ein paar Bilder und persönliche Gegenstände – und mein Zimmer war richtig gemütlich. Die bayerische Fahne durfte natürlich auch nicht fehlen.

Das Leben am Südpol beginnt

Ein paar Tage hatte ich Zeit, mich an die neue Umgebung zu gewöhnen. Mein Körper musste sich erst an den niedrigen Sauerstoffgehalt in der Atemluft anpassen. Wir befanden uns in 2900 Meter Höhe, dort beträgt der Luftdruck schon in gewöhnlichen Breiten nur noch siebzig Prozent des Drucks auf Meeresniveau. Hier kommt noch hinzu, dass kalte Luft dichter ist und die Atmosphäre an den Polen deswegen nicht so hoch hinaus reicht wie in anderen Breiten der Erde. Am weitesten ausgedehnt ist sie am Äquator. Am Südpol ist die Luft also noch einmal dünner als auf einem Berg in vergleichbarer Höhe, etwa in den Alpen, und entspricht je nach Witterung einer Höhe zwischen 3100 und 3700 Metern.

Unter diesen Bedingungen ist es völlig normal, eine Schlafapnoe zu entwickeln – diese Atemaussetzer können bis zu einer Minute dauern. Man selbst bekommt davon allerdings nichts mit. Für den Fall, dass jemanden die Höhenkrankheit ereilen sollte, gab es einen Gamow-Sack, eine Art einfache Druckkammer. Im schlimmsten Fall musste man wieder nach McMurdo ausgeflogen werden. Doch davon blieben ich und meine Kollegen zum Glück verschont.

Am meisten machte mir die trockene Luft zu schaffen. Ein Problem, mit dem jeder zu kämpfen hat und das mich über all die Jahre hinweg begleiten sollte. Die Hochplateaus der Antarktis sind die trockensten Orte der Erde. Die Luftfeuchtigkeit liegt hier bei weniger als einem Prozent. Dadurch trocknen Schleimhäute und Haut extrem aus. Gewöhnlich habe ich nie Nasenbluten, doch hier hatte ich es täglich. Durch die ausgetrockneten Schleimhäute nahm auch das Geruchsempfinden ab, wobei es am Südpol ohnehin viel weniger Gerüche gibt. Außerhalb der Station gibt es nur Trockenheit und Schnee. Was man natürlich wahrnimmt, sind der Kerosingeruch in der Nähe der Flugzeuge und Generatoren oder der Essensduft in der Kantine. Auch wir selbst waren relativ geruchsneutral, zumal Schweiß bei der Trockenheit sofort verdunstet und geruchsbildende Bakterien erst gar keine Chance haben. Umso stärker fällt da der Duft von Shampoo auf, wenn jemand frisch aus der Dusche kommt.

Meine Haut spannte nach dem Duschen so sehr, dass ich das Gefühl hatte, nicht mehr in meine eigene Hülle zu passen. Ich verbrauchte literweise Körperlotion und Handcreme. Doch an den Nagelrändern wurde die Haut so rissig, dass auch ständiges Eincremen nichts nützte. Ein bewährter Trick war hier Sekundenkleber. Er bleibt für ein paar Tage auf der Haut haften und verschließt die wunden Stellen, sodass die Risse darunter Zeit haben zu heilen, ohne unterdessen wieder auszutrocknen.

Dazu verspürte ich permanent einen unglaublichen Durst und trank einige Liter Wasser am Tag. Denn in der extrem trockenen

Umgebung verliert der Körper allein durch das Atmen enorm viel Flüssigkeit, da die Luft in der Lunge immer auf hundert Prozent Luftfeuchtigkeit angereichert wird.

Zwei Minuten duschen

Um am Südpol leben und arbeiten zu können, ist ein enormer technischer und logistischer Aufwand nötig. Unsere Lebensversicherung sind hier mit Kerosin betriebene Generatoren, die uns mit Strom und Wärme versorgen.

Ein Tankschiff liefert das Kerosin nach McMurdo, wo es in riesigen Treibstofftanks gebunkert wird. Ein Teil davon wird nach und nach mit Flugzeugen zum Südpol gebracht. Bis 2006 belieferten uns im Sommer bis zu 350 Hercules LC-130 von dort aus vor allem mit Treibstoff, aber auch mit allen anderen Versorgungsgütern. Seit 2007 wird ein Großteil des Kerosins über die 1600 Kilometer lange Südpoltraverse mit Kettenfahrzeugen transportiert. Das dauert etwa drei Wochen, spart aber einen erheblichen Teil an Flügen ein.

Am Südpol wird dieses Kerosin in großen Tanks unter dem Eis gelagert, sommers wie winters herrschen dort durchgehend um die -50 °C. Damit das Kerosin, mit dem auch die Flugzeuge und Fahrzeuge betankt werden, bei diesen Temperaturen einigermaßen flüssig und nutzbar bleibt, sind ihm noch spezielle Zusätze beigefügt. Gewöhnlicher Diesel würde schon bei -20 °C völlig versulzen.

Die Tanks fassen rund 1,4 Millionen Liter, eine enorme Menge, die wir über den Winter bis auf einige Reserven tatsächlich verbrauchen. Für den Fall, dass im Treibstofflager etwas brennen oder explodieren sollte, befinden sich etwa einen Kilometer von der Station entfernt etliche Zusatztanks, die eine Notversorgung garantieren.

Um Wasser zu gewinnen, wird in einer Art Quelle 100 bis 150 Meter unter der Schneeoberfläche Eis geschmolzen. Aus diesem Reservoir wird das fast 0 °C kalte Wasser in die Station gepumpt, dort mit der Abwärme der Generatoren auf etwa +30 °C erwärmt und zurück ins Eis geleitet, um neues aufzuschmelzen. Aus diesem kontinuierlichen Kreislauf wird das Brauchwasser entnommen. Übersteigt der Wasserbedarf die Menge, die sich mit der Abwärme auftauen lässt, wird es teuer, denn dann wird zusätzlicher Treibstoff benötigt.

Deshalb ist der Wasserverbrauch besonders während der Sommermonate, wenn viele Leute auf der Station wohnen, stark limitiert; pro Person sind wöchentlich nur zwei zweiminütige Duschen und eine Ladung Wäsche vorgesehen. Für die geringere Besatzung im Winter sind die Vorschriften nicht mehr ganz so streng. Dann konnten wir sogar drei Mal für zwei Minuten duschen. So richtig warm wurde einem unter der kurzen Dusche nicht. Dafür genossen wir den Luxus einer kleinen Sauna, in der wir vorher richtig schwitzen konnten. Oft nutzten wir auch einfach ihre Nachwärme und setzten uns selbst mit Kleidung hinein, wenn es uns einmal fröstelte.

Überlebenstraining

Die nähere Umgebung der Station konnten wir nur im Sommer verlassen, in unseren Fahrzeugen hatten wir immer die entsprechende Ausrüstung dabei. Schon wenige Kilometer abseits können die Bedingungen schnell lebensbedrohlich werden, etwa wenn das Wetter umschlägt oder man sich verletzt und es nicht mehr allein zurück schafft. Besonders gefürchtet ist hier, wie in anderen antarktischen und arktischen Gegenden oder auch im Hochgebirge, der sogenannte Whiteout – eine Wettersituation, bei der Himmel und Horizont zu einer weißen Einheit verschwimmen und man völlig die Orientierung verliert.

Auf solche Verhältnisse bereiteten wir uns mit einem Überlebenstraining vor, das für jeden, der sich weiter als ein paar Kilometer von der Station entfernen wollte, obligatorisch war. Dabei lernten wir, wie man sich bei aufkommendem Sturm richtig verhält, wie man das Zelt aufbaut und es mit einer Schneemauer schützt, ein Iglu baut, eine Schneehöhle gräbt oder den Kocher bedient. So konnte man sich im Notfall für ein oder zwei Tage behelfen.

Den Whiteout simulierten wir mit einem Eimer über dem Kopf und übten aneinandergeseilt, wie man unter solchen Bedingungen einen verlorengegangenen Kameraden sucht oder selbst zurück zur Station findet.

Die Geschichte der Amundsen-Scott-Südpolstation

Die Amundsen Scott South Pole Station entstand, ebenso wie die Basisstation in McMurdo, im Jahr 1956. Beide wurden anlässlich des internationalen geophysikalischen Jahres 1957/1958 von der US Navy aufgebaut. Die Räumlichkeiten dieser ersten Südpolstation, heute Old Pole genannt, befanden sich etwa eineinhalb Kilometer entfernt von jener Station mit dem geodätischen Dome, in den ich 1996 einzog.

Da unbewohnt, war auf dem antarktischen Kontinent zu jener Zeit geopolitisch noch nichts geregelt. Ähnlich wie beim Wettlauf um den ersten Flug ins All und später zum Mond lieferten sich die USA und die Sowjetunion damals ein Wettrennen um die erste Forschungsstation am geografischen Südpol, das die USA für sich entschied. Die Sowjetunion wich daraufhin zum damaligen geomagnetischen Südpol aus und gründete die heute noch von Russland betriebene Station Wostok. Anders als der Vorstoß in den Weltraum ging dieser Wettstreit jedoch an der Öffentlichkeit weitgehend unbemerkt vorbei.

Vor diesem Hintergrund wurde auch der Antarktisvertrag ausgehandelt, das erste internationale Abkommen zur Hochzeit des Kalten Krieges. Er regelt die geopolitische Situation in der Antarktis und schließt später auch die ökologischen Aspekte mit ein. Sieben Nationen – Neuseeland, Australien, Chile, Argentinien, Großbritannien, Norwegen und Frankreich – meldeten damals Gebietsansprüche auf dem antarktischen Kontinent an.

Die beiden Supermächte USA und Sowjetunion hätten gar keine Ansprüche geltend machen können, da schon alles besetzt war. Um ihren (Forschungs-)Interessen dennoch ohne Berücksichtigung der Gebietsansprüche anderer Nationen nachgehen zu können, initiierten sie das Vertragswerk, das 1959 in Washington unterzeichnet wurde und 1961 in Kraft trat. Darin erklären die Unterzeichner – anfangs zwölf, mittlerweile 54 Staaten –, ihre Gebietsansprüche ruhen zu lassen. Dennoch haben die Argentinier und später auch die Chilenen in den 1970er und 1980er Jahren hochschwangere Frauen in die Antarktis geflogen, damit sie dort gebären, um so Gebietsansprüche deutlich zu machen.

Vor allem aber sichert der Antarktisvertrag die ausschließlich friedlichen Nutzung, regelt internationale Forschungsaktivitäten und Umweltaspekte auf dem einzigartigen Kontinent. Flora und Fauna der Antarktis werden so bewahrt; Müll, Unrat und auch ausgediente Einrichtungen dürfen nicht auf dem Kontinent selbst entsorgt, sondern müssen ausgeflogen werden. Auch für private Besucher oder für Kreuzfahrten in antarktischen Gewässern ist der Vertrag bindend.

Heute gibt es rund vierzig Forschungsstationen, die das ganze Jahr über in Betrieb sind. Zuletzt ging deren Anzahl zurück, da einige Stationen aus finanziellen Gründen nur noch im Sommer betrieben werden. Ein Großteil dieser Stationen, darunter auch die deutsche Neumayer-Station III, liegt am Rand des Kontinents, auf vorgelagerten Inseln und insbesondere auf der antarktischen Halbinsel. Im Inneren des Kontinents gibt es nur drei ganzjährig betriebene Stationen: die französisch-italienische Concordia-Station auf Dome C, die russische Wostok-Station und eben die Amundsen-Scott-Südpolstation.

Seither erforscht die amerikanische National Oceanic and Atmospheric Administration (NOAA) hier am geografischen Südpol Luft und Atmosphäre. Dazu betreibt das Global Seismographic Network eine Erdbeben-Messstation. Die Anzahl der Experimente von verschiedenen Universitäten und internationalen Kollaborationen unter Federführung der USA ist in den letzten Jahrzehnten enorm gewachsen. Nach wie vor ist der Südpol der einzige Ort in der Antarktis mit größeren astronomischen Observatorien. Denn die Bedingungen für die Neutrino-Astronomie und vor allem auch die Mikrowellenastronomie zur Erforschung des frühesten Universums sind hier einzigartig.

Dark Sector

Die unterschiedlichen wissenschaftlichen Disziplinen sind in dem Areal um den Südpol auf drei Segmente verteilt, die wie Tortenstücke aneinandergrenzen. Im Clean Air Sector wird die Atmosphäre erforscht, es finden Messungen zu Luftverschmutzung, Klimawandel und Ozonschicht statt. Dieser Sektor ist so gewählt, dass der Wind in Richtung Station weht und die Abgase der Generatoren und Maschinen und selbst unsere Atemluft die empfindlichen Messungen nicht beeinflussen. Nicht umsonst ist hier von der »Cleanest Air On Earth« die Rede. Gase und Spurenelemente in der Luft, die dort gemessen werden, stellen eine weltweite minimale Schwelle dar, da sich etliche tausend Kilometer vor den Messinstrumenten nichts Menschengemachtes befindet.

An den Clean Air Sector grenzt dem Uhrzeigersinn folgend der Quiet Sector. Hier sind, einige Kilometer von der Station entfernt, die Erdbebenmessinstrumente angesiedelt. Vor allem im Winter, wenn kaum noch Maschinen in Betrieb sind, gibt es hier keine künstlichen Erschütterungen, und der große Abstand zu den Gezeiten der Küste garantiert eines der störungsfreiesten und damit empfindlichsten Seismometer, mit dem sich selbst kleinste Beben, die rund um den Globus ihren Ursprung haben, auswerten lassen.

Im dritten Bereich, jenseits der Landebahn gelegen, befinden sich meine Experimente: Der Dark Sector wird im Radiobereich und im Winter auch im optischen Bereich dunkel gehalten. Nach Möglichkeit vermeidet man dort künstliche Störstrahlung durch Funkgeräte und Satellitenkommunikation oder sonstige elektromagnetische Strahlung, die die empfindlichen Messungen der Radioteleskope und anderen astronomischen Beobachtungen beeinflussen würde. Das zentrale Gebäude hier ist das Martin A. Pomerantz Observatory, kurz MAPO, benannt nach dem amerikanischen Wegbereiter der astronomischen Beobachtungen am Südpol. MAPO selbst beherbergte seither verschiedene Generationen von Mikrowellenobservatorien, darunter bis vor kurzem das SPUD/Keck-Teleskop, das inzwischen durch ein moderneres ersetzt wurde. Ebenfalls im Dark Sector befindet sich heute das Neutrino-Experiment IceCube, dessen Vorläufer AMANDA ich während meiner ersten Jahre am Südpol mit aufbaute und betreute.

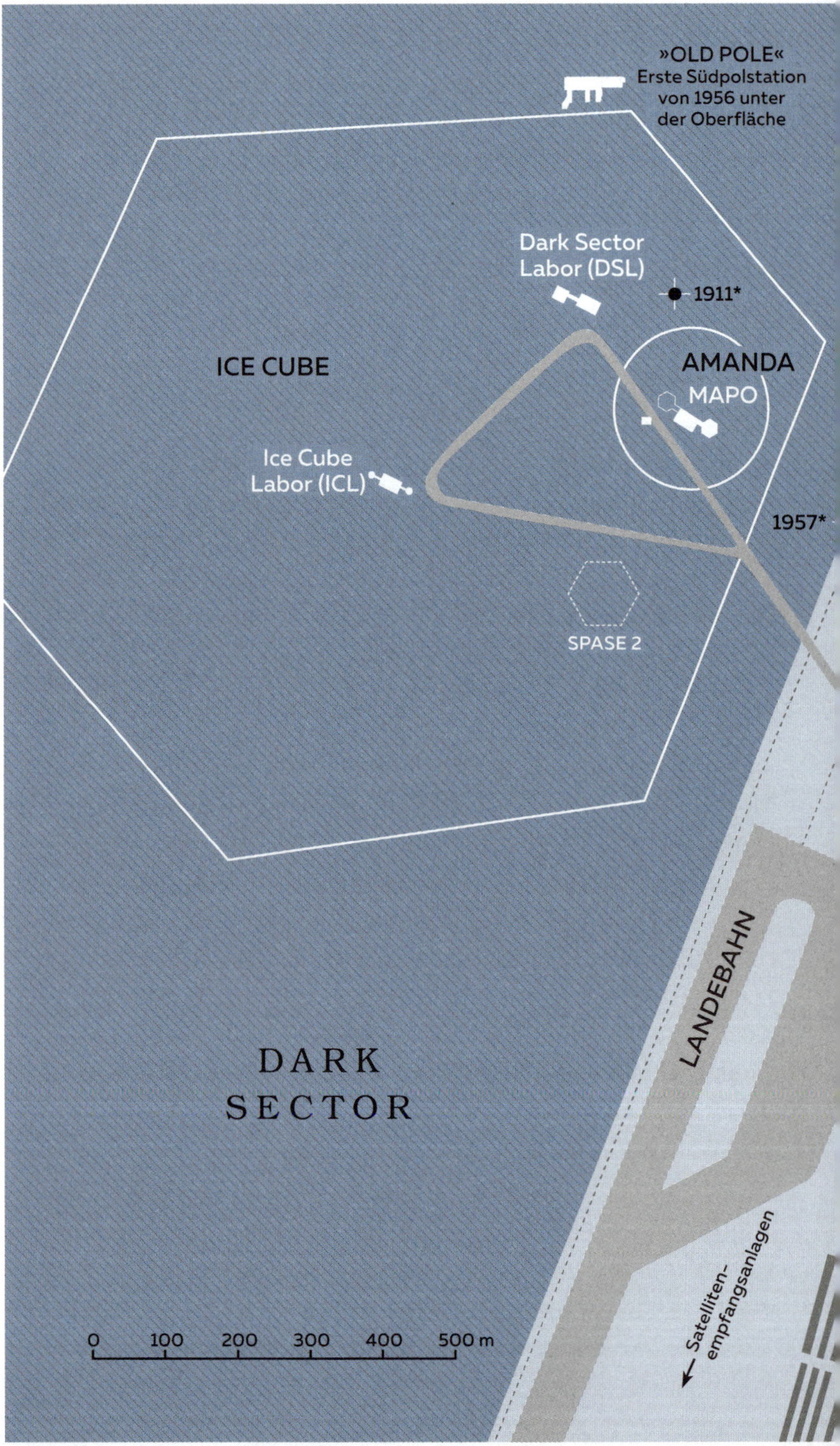

»OLD POLE«
Erste Südpolstation von 1956 unter der Oberfläche
Dark Sector Labor (DSL)
1911*
ICE CUBE
AMANDA
MAPO
Ice Cube Labor (ICL)
1957*
SPASE 2
LANDEBAHN
DARK SECTOR
Satelliten-empfangsanlagen
0 100 200 300 400 500 m

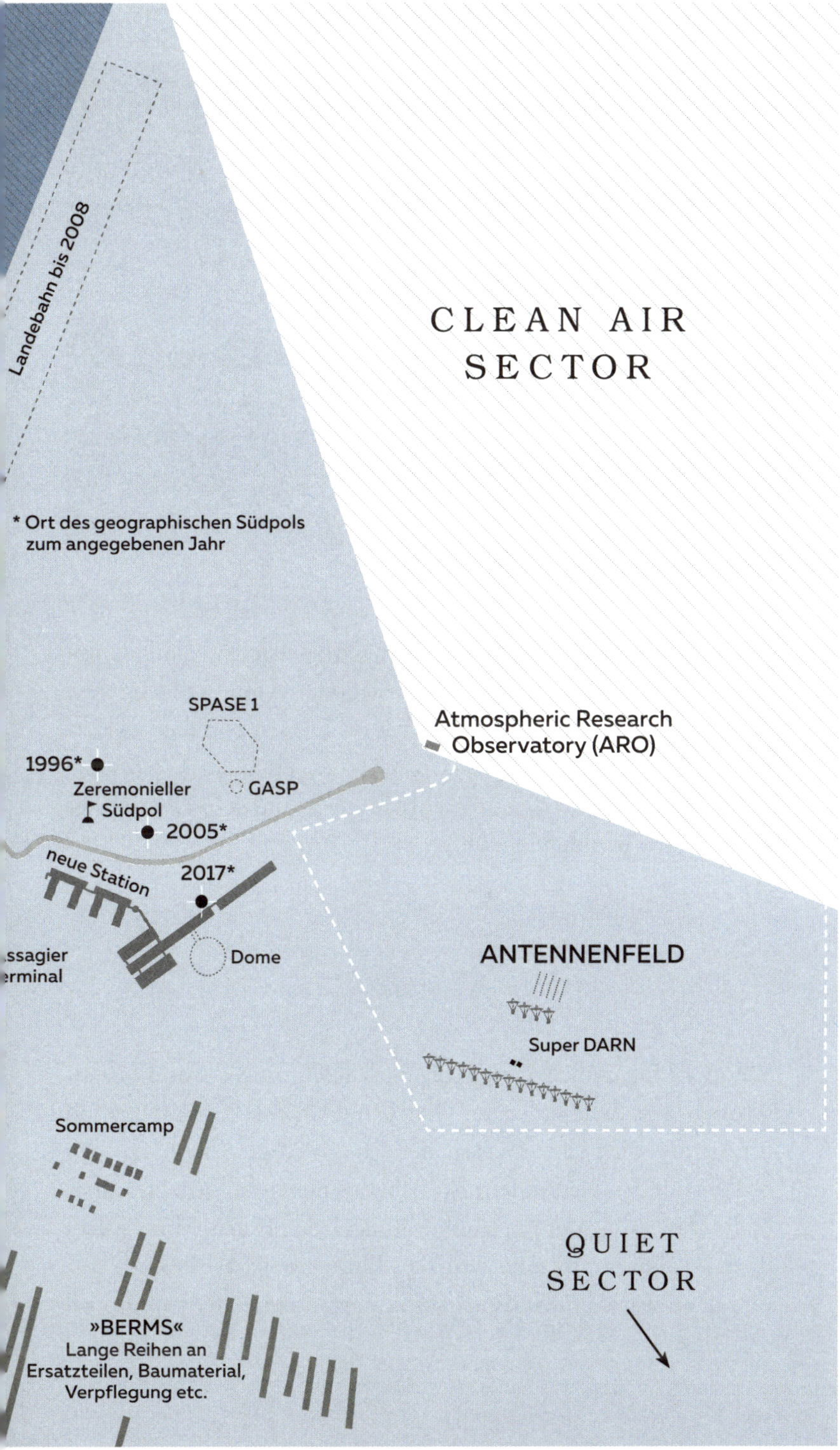
Landebahn bis 2008
CLEAN AIR
SECTOR
* Ort des geographischen Südpols
zum angegebenen Jahr
SPASE 1
Atmospheric Research
Observatory (ARO)
1996*
Zeremonieller
Südpol
GASP
2005*
neue Station
2017*
ssagier
erminal
Dome
ANTENNENFELD
Super DARN
Sommercamp
QUIET
SECTOR
»BERMS«
Lange Reihen an
Ersatzteilen, Baumaterial,
Verpflegung etc.

MAPO mit Jamesway und Bohrturm 1996/97

Finanziert wird die Station von der National Science Foundation (NSF), einer amerikanischen Organisation, die mit der Deutschen Forschungsgemeinschaft vergleichbar ist. Die Experimente wiederum werden von verschiedenen Universitäten, einige auch in Kooperation mit anderen Forschungseinrichtungen und in internationaler Zusammenarbeit durchgeführt.

AMANDA

Schon als Jugendlicher begeisterte ich mich für die Naturwissenschaften, erst Biologie, später Physik und Chemie. Die Faszination für Astronomie packte mich schließlich mit 15, auf einer Reise nach Sizilien mit den Pfadfindern. Wir übernachteten auf dem Stromboli; die Umgebung war unglaublich dunkel, denn auf der Insel gab es damals kaum Strom. Alle zwanzig Minuten brach der Vulkan aus, und dann war da noch dieser absolut gigantische Sternenhimmel!

Ich mit einem der AMANDA-Photomodule, die im Eis versenkt werden

Photomultiplier Tube in geöffneter Glaskugel

Darüber wollte ich mehr erfahren und belegte unter anderem einen Astronomiekurs. Mein Gymnasium verfügte über eine eigene Sternwarte, an der wir eigenständig beobachten konnten, und wir hatten einen engagierten Lehrer, der mein Interesse nach Kräften förderte. Er animierte mich zu einer Jugend-Forscht-Arbeit, für die ich einen alten Empfänger reparierte und eine Antenne aufbaute, mit der ich die Radiostrahlung der Sonne und von Planeten wie dem Jupiter einfangen konnte. So etwas auszutüfteln, machte mir schon damals großen Spaß.

Nun stand ich also am Südpol. Meine Mission, bei der ich in den kommenden Monaten sechs zwei Kilometer lange Kabelstränge mit jeweils dreißig Lichtsensoren ins Eis einbringen sollte, stand unter der Ägide der University of Wisconsin und hieß AMANDA (Antarctic Muon And Neutrino Detector Array). Mit diesem überdimensionalen Detektor wollten die Wissenschaftler die Spuren registrieren, die Neutrinos aus den Tiefen des Alls im Eis erzeugen. Davon erhofften sie sich Hinweise etwa auf aktive Galaxienkerne oder die geheimnisvollen Gammablitze, die mehrmals täglich im Universum aufleuchten und dabei so viel Energie abgeben wie die Sonne in ihrem gesamten Leben von etwa zehn Milliarden Jahren. Zum Glück finden diese Ereignisse extrem weit entfernt statt und können uns daher nichts anhaben.

Die winzigen Neutrinos, denen die Forscher mit diesem Experiment auf die Schliche kommen wollten, lassen sich nur äußerst schwer einfangen, denn sie besitzen fast keine Masse und sind, anders als alle übrigen Elementarteilchen wie etwa das bekanntere Elektron, auch nicht elektrisch geladen. Deshalb durchdringen sie Materie nahezu ungehindert.

Eine kleine Chance, die flüchtigen Neutrinos nachzuweisen, gibt es aber doch. Wenn sie auf ein Atom in Wasser oder Eis treffen, lösen ihre Reaktionen mit der Materie Lichtblitze aus, und die lassen sich messen. Weil diese Ereignisse aber so selten sind, muss der Detektor möglichst groß sein. Eine Badewanne oder selbst ein Schwimmbad wären viel zu klein dafür. Deshalb nutzen die Forscher möglichst natürliche, große Wasserreservoirs. Ein erstes solches Experiment wurde 1990 im Baikalsee errichtet, ein weiteres, größeres einige Jahre später im Mittelmeer. Doch im Meer können die Detektorgehäuse mit der Zeit lecken, und wegen der Strömung befinden sie sich ständig in Bewegung. Das erschwert präzise Positionsmessungen erheblich. Zudem kann Biolumineszenz die Messungen verfälschen. Im Eis dagegen müssen die Detektoren zwar den Einfrierprozess überstehen, danach funktionieren sie aber in der Regel problemlos. Allerdings lassen sie sich bei Defekten nicht mehr herausholen.

Die speziellen Lichtsensoren – Photomultiplier Tubes oder Photomodule –, die dabei verwendet werden, funktionieren im Grunde umgekehrt wie Glühbirnen. Fließt durch den Draht einer Glühbirne Strom, wird Licht (Photonen) ausgesandt. Beim Photomultiplier hingegen wird Strom erzeugt, wenn Photonen auf den Sensor treffen. Dieser Strom lässt sich verstärken und dann messen – und damit auch die Lichtblitze, die entstehen, wenn Neutrinos aus dem All mit Atomen im Eis reagieren.

Jeder dieser empfindlichen Lichtsensoren war in eine evakuierte Glaskugel eingeschlossen, deren zwei Hälften durch den Luftdruck von außen zusammengehalten wurden. Eine Kabeldurchführung in der oberen Kugelhälfte versorgte den Detektor mit Hochspannung. Zugleich lief das Signal, das ein Lichtblitz im Detektor erzeugte, von dort aus über einen langen Kabelstrang weiter ins Labor.

Die Photomodule wurden im Physical Science Laboratory der University of Wisconsin gebaut. Bevor sie zum Südpol verschickt wurden, sollte ich dort noch einmal testen, ob sie auch einwandfrei funktionierten. Dabei stellte sich heraus, dass in dem Verbindungsstecker ein Kurzschluss ausgelöst wurde, sobald man ihn ein wenig drückte. Das war fatal. Denn im Eis sind die Module enormem Druck ausgesetzt. Die Detektoren wären also schon nach kürzester Zeit für das Experiment verloren gewesen. So kurz vor dem Aufbruch in die Antarktis kam uns das alles andere als gelegen. Uns blieb keine Zeit, die defekten Verbindungsstecker an den Photomodulen noch vorher auszutauschen. Immerhin konnten wir funktionierende Ersatzstecker organisieren, die mit den Detektoren zum Südpol geflogen wurden.

Während meiner ersten Wochen auf der Amundsen-Scott-Station war ich gemeinsam mit meinen Kollegen also erst einmal damit beschäftigt, 180 Photomodule zu reparieren. Dafür richteten wir eine provisorische Werkstatt in einem Jamesway vor MAPO ein. Zunächst mussten die Glaskugeln wieder belüftet werden, damit wir sie öffnen und die Stecker austauschen konnten. Anschließend wurde die Luft in einer kleinen Vakuumkammer wieder abgesaugt. Zu guter Letzt musste jedes Modul mit einer schwarzen gummiartigen Masse – die wir scherzhaft »Monkey Dung« (Affendreck) nannten – versiegelt werden, damit das Vakuum erhalten blieb.

Arbeiten rund um die Uhr

Am Südpol herrscht ein sechs Monate langer Polartag, gefolgt von einer ebenso langen Polarnacht. Als Sommer bezeichnen wir die Zeit von Anfang November bis Mitte Februar, wenn das Thermometer gewöhnlich auf über -50 °C klettert, die für das Landen der Hercules LC-130 vorgeschriebene Mindesttemperatur, und die Station von außerhalb zugänglich ist. Auch viele andere Maschinen, wie zum Beispiel das Kranfahrzeug, funktionieren nur bei Temperaturen über -40 °C, sodass sich Außenarbeiten und neue Konstruktionen nur im Sommer durchführen lassen. Zu dieser Zeit tummeln sich neben den Wissenschaftlern auch Manager, Handwerker, Logistiker und weiteres Hilfspersonal auf der Station – der Rekord liegt bei 180 Personen.

Thanksgiving 1996

Sonntagsbrunch im Sommer: wenn es vorher eine Lieferung von Freshies gab, umso beliebter

In diesen kurzen Sommermonaten herrschte damals auf der Amundsen-Scott-Station reges Treiben. Das Tageslicht wurde in drei Schichten rund um die Uhr genutzt. Meine Arbeitstage dauerten meist weitaus länger als acht Stunden, gelegentlich legte ich auch 24-Stunden-Schichten ein. Dennoch bedeuteten diese ungewöhnlich langen und unregelmäßigen Arbeitszeiten niemals unangenehmen Stress für mich. Alles, was es zu tun gab, fand ich spannend. Ich sog alles Neue begierig auf und nutzte jede Minute, um mich mit dem Experiment vertraut zu machen und von meinen Vorgängern, die die Station bald verlassen würden, jedes Detail über AMANDA zu lernen. Im bevorstehenden Winter würde ich mit nur einem weiteren Kollegen dafür verantwortlich sein, das Experiment am Laufen zu halten.

Trotz der vielen Arbeit kam auch unser Freizeitspaß nicht zu kurz. Im Sommer waren wir viel draußen, auch wenn das Thermometer an heißen Tagen immer noch -20 °C anzeigte. Wir veranstalteten sportliche Wettkämpfe, spielten Rugby oder andere Ballsportarten und einmal sogar Beachvolleyball, wobei der Ball aufgrund der Temperaturen dann doch etwas hart war. Da wir allerdings erst später in der neuen Station eine Turnhalle bekamen, war das eben die beste Alternative, denn ich vermisste es, Volleyball zu spielen. Zu diesen Events machten wir gelegentlich auch ein Barbecue für Zuschauer und Sportler.

Ansonsten war die Galley *der* Ort der Geselligkeit. Das Essen war ganz ausgezeichnet, man sagt vom Südpol nicht umsonst, es gebe hier »the best food on the entire continent«. Das professionell ausgebildete Küchenpersonal versorgte uns mit vier warmen Mahlzeiten am Tag, sodass auch für die hungrige Nachtschicht gesorgt war. An Sonntagen gab es stattdessen einen reichhaltigen Brunch und ein Abendessen, und für den kleinen Hunger zwischendurch stand stets der gut gefüllte »Left-Over-Fridge« bereit. Doch obwohl ich in den ersten Wochen aß wie ein Scheunendrescher, nahm ich kontinuierlich ab. Die Arbeit in der eisigen Kälte forderte ihren Tribut.

An Feiertagen wurde die Galley feierlich eingedeckt und in einen – wenn auch schlichten – Festsaal verwandelt. Ende November stand Thanksgiving an, dabei durfte der berühmte gefüllte Truthahn mit allerlei köstlichen Beilagen natürlich nicht fehlen. Dazu gab es eine große Party im Sommercamp, auf der Bands spielten, die sich unter den Stationsmitgliedern zusammengefunden hatten.

Mein erster Kabelstrang und ein Weihnachtsmenü aus der Tupperdose

Kurz vor Weihnachten war es so weit. Der Bohrer hatte sich mehr als vier Tage lang über zwei Kilometer tief ins Eis vorgearbeitet. Aus dem Bohrkopf strömte wie aus einer Dusche heißes Wasser, das das Eis Schicht um Schicht auftaute. Dafür wurden pro Loch rund 30 000 Liter Kerosin verbraucht. Ein enormer Aufwand, doch der war nötig, denn erst ab einer Tiefe von 1000 Metern ist das Eis so klar, dass sich die seltenen Lichtblitze, die die energiereichen Neutrinos im Eis erzeugen, präzise genug messen lassen. In den Schichten darüber ist das Eis durch Einschlüsse von winzigen Luftbläschen zu milchig.

Nun blieben uns 24 Stunden, um den Kabelstrang in dem Eisloch zu versenken, bevor es wieder begann, von den Seiten her zuzufrieren, und zu eng wurde. Meter für Meter ließen wir den Strang von der Kabeltrommel in das mit Wasser gefüllte Loch gleiten. Alle zehn Meter hielten wir inne und befestigten ein neues Photomodul. Die meisten Handgriffe führten wir ohne Handschuhe aus, bei strammen -25 °C. Zwischendurch wärmten wir unsere Hände notdürftig mit einem kerosinbetriebenen Heißluftgebläse, das gewaltig lärmte und stank.

Nach zwölf Stunden harter Arbeit bei knackiger Kälte mit nur wenigen kurzen Pausen, in denen wir uns im Jamesway ein wenig aufwärmen und essen konnten, erlebten wir eine schmerzliche Überraschung: Der Kabelstrang blieb auf halber Strecke an einer Engstelle stecken. Wir mussten ihn wieder hochholen und das Loch nachbohren.

Den Strang aus dem Loch zu ziehen, die Photomodule zu entfernen und das Kabel wieder aufzurollen, kostete uns weitere zehn Stunden. Das Wasser im Bohrloch reichte nur bis etwa fünfzig Meter unter den Rand. Die obersten Schichten der Eiskappe waren

Montieren der Photomodule am Kabel

Das Team beim letzten Modul

Das Loch im Eis mit den Photomodulen (hier eines von IceCube)

Race around the World

Auf dem Sofa um den Südpol

Streitwagen aus alten Kabeltrommeln

Kostümierter Läufer

Radeln um den Südpol

Weihnachtsgrüße von 90° Süd

noch nicht genug komprimiert, sodass es dort versickerte. Sobald die Photomodule aus dem Wasser auftauchten, gefror es in den Gewinden der Stecker und Befestigungspunkte. Diese Eiskruste mussten wir erst noch entfernen, was das Abnehmen der Module vom Strang erheblich erschwerte. Nicht gerade ein Einstieg in die Saison, wie man ihn sich wünscht.

In der Zwischenzeit weihnachtete es auf der Station schon sehr. Dazu gibt es am Südpol neben dem eigentlichen amerikanischen Weihnachtsfest traditionell das »Race around the World«. Auf einer Strecke von knapp fünf Kilometern geht es drei Mal um den Südpol, durch alle Zeitzonen der Erde. Die meisten gingen zu Fuß oder joggten, andere absolvierten die Strecke per Fahrrad, auf Skiern oder ließen sich auf ihrem Snowboard von einem Skidoo ziehen. Doch der Fantasie waren keinerlei Grenzen gesetzt. Einige konstruierten für das Rennen ihre eigenen Gefährte. Zwar fehlte hier der Baumarkt, dafür lieferten die Verpackungen der diversen Experimente genug Bastelmaterial. So kamen die abenteuerlichsten Vehikel zustande, in einem Jahr zum Beispiel ein Streitwagen aus Kabeltrommeln.

Am Heiligabend tauschten wir noch Geschenke aus, am nächsten Tag ging es direkt weiter mit der Arbeit. Das Bohrloch war neu präpariert, und wir mussten die knappe Zeit nutzen, bevor es wieder zufror. Diesmal ließ sich der widerspenstige Kabelstrang endgültig im Eis versenken. Ein paar Tage dauerte es noch, dann war er komplett eingefroren, und wir konnten das Kabel weiter zum Gebäude verlegen, wo alle Messdaten zusammenliefen. So verpasste ich gleich mein erstes Weihnachtsessen auf der Station. In den Genuss der Festtagsküche kamen wir trotzdem. Ich holte das Menü in Tupperdosen mit dem Schneemobil ab, und wir schlangen es eilig im Jamesway hinunter.

Die nächsten Wochen arbeiteten wir unermüdlich weiter. Fünf Kabelstränge samt Lichtsensoren mussten noch ins Eis eingelassen werden, bevor sich der antarktische Sommer Mitte Februar seinem Ende entgegen neigte und es erst zu kalt und bald auch zu dunkel

Baden im Warmwasserreservoir der Eisbohrcamps

wurde. Dafür klappte nun alles reibungslos, wir stellten sogar einen Geschwindigkeitsrekord nach dem anderen auf. Eine wichtige Erfahrung für die weitere Planung des Experiments, denn die in den Folgejahren zu verlegenden Kabelstränge sollten noch mehr Lichtsensoren tragen, man würde also noch schneller arbeiten müssen.

Bei all den langen Strapazen in der Kälte wussten wir jeden noch so kleinen Komfort umso mehr zu schätzen. So benutzten wir das Warmwasserreservoir, das für das Eisbohren vorgesehen war, ein paar Mal zum Baden, auch wenn die NSF so etwas gar nicht gern sah. Dort war man sehr darauf bedacht, bloß nicht den Anschein zu erwecken, wir wären zum Spaß auf der Station. Dass wir 24 Stunden am Tag für ein Jahr am Südpol waren und nicht nur ununterbrochen arbeiteten, sondern auch dort lebten, wurde offensichtlich vergessen. Durch meine Arbeit am Experiment hatte ich ohnehin keinen Tag in der Woche frei.

AMANDA war das erste Experiment seiner Art im Eis. Bei der Entwicklung konnte man nur teilweise auf die Erfahrung mit dem Neutrino-Detektor im Baikalsee zurückgreifen. Denn dieser war viel

Kabel werden im Eis verlegt

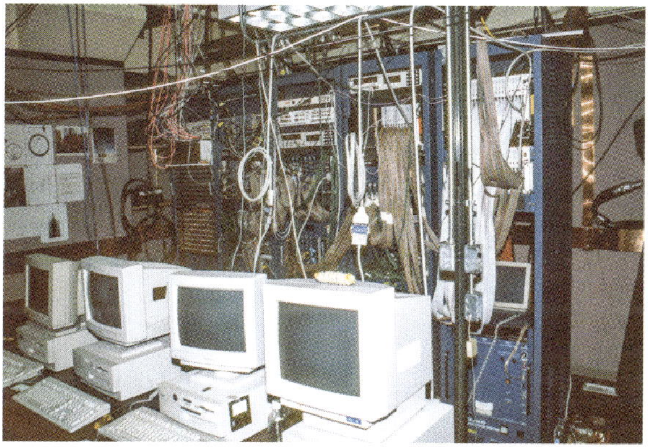

AMANDA-Kontrollraum

Kabelsalat

kleiner und außerdem in Wasser und nicht in Eis gebaut worden. So war AMANDA nicht nur ein wissenschaftliches Experiment an sich, sondern wir experimentierten hier selbst noch damit, wie sich ein solcher Detektor unter diesen extremen Bedingungen konstruieren ließ und wie er – zumal in viel größerem Maßstab – funktionieren würde.

Die Heißwasser-Bohrtechnik für die kilometertiefen Eislöcher war noch nicht ausgereift, und auch die Art und Weise, wie sich die Kabel mit den Lichtsensoren ins Eis bringen ließen, barg noch Verbesserungspotenzial. Selbst die Datenübertragung von den Sensoren zu den Rechnern ließ sich noch optimieren. In den ersten Jahren gab es im Sommer mindestens einmal pro Woche einen Stromausfall. Im Winter dagegen war weniger Last auf dem Generator und Stromausfälle seltener. Danach funktionierte bei AMANDA immer irgendetwas nicht mehr. Nach der genaueren Ursache suchten wir oft lange. Vor allem aber stellte sich mit den Jahren heraus, dass selbst AMANDA noch zu klein war, um in absehbarer Zeit wissenschaftlich verwertbare Ergebnisse zu liefern.

Stromausfall

Diese kurzen wöchentlichen Stromausfälle waren längst Routine, als ich gegen Ende meines ersten Winters an einem Sonntagmorgen gerade unterwegs ins Bad war und wieder einmal die Lichter ausgingen. Dann aber erscholl wenige Sekunden später auch noch der Feueralarm. Diesmal war wohl etwas Schlimmeres passiert.

Im Hauptgeneratorengebäude befinden sich drei baugleiche Stromgeneratoren, von denen einer rund um die Uhr läuft. Ein zweiter wird im Stand-by-Modus gehalten, falls der erste ausfällt, während am dritten Wartungsarbeiten durchgeführt werden können. Ohne Strom hatten wir nur ein sehr kleines Zeitfenster von ein paar Stunden, bevor die Lage kritisch werden würde.

Was war geschehen? Ein Ventil war abgerissen, durch den Kolben geschossen und hatte den Generator zerstört. Das Glykol, das zur Kühlung verwendet wurde, verteilte sich mit dem Motoröl auf dem Boden. Da alle drei Generatoren an denselben Glykolkreislauf angeschlossen waren, ließen sich auch die beiden anderen, eigentlich noch intakten nicht mehr starten. Auch der Notgenerator, der etwas abseits im Sommercamp stand, machte Probleme und sprang immer nur für ein paar Minuten an. Die aber waren essenziell, um den Glykolkreislauf mithilfe einer elektrischen Pumpe wieder zu füllen. Nach mehr als vier Stunden hatten wir es endlich geschafft, einen der Hauptgeneratoren zum Laufen zu bringen. In der Zwischenzeit war die Pumpe für unsere Wasserversorgung eingefroren, auch die große Hauptsatellitenanlage und unser Gewächshaus waren den eisigen Temperaturen zum Opfer gefallen. In den Gebäuden war die Temperatur auf knapp 0 °C gesunken, die Lage war wirklich kritisch. Zum Glück hatten wenigstens die Wasserleitungen standgehalten, und bis zum Sommeranfang, wenn die ersten Flugzeuge eintreffen würden, waren es nur noch fünf Wochen.

Die Zeit bis dahin überbrückten wir mithilfe des alten Schneeschmelzers über dem Generatorengebäude, der die dortige Abwärme nutzte. Dazu sammelten wir an einer geeigneten Stelle etwas abseits der Station mit einem Bagger sauberen Schnee und kippten diesen über einen großen Trichter in den Schneeschmelzer.

Und so ganz ohne Internet waren wir für den Kontakt zur Außenwelt nun wieder wie in früheren Zeiten auf die Funkverbindung angewiesen. Doch diese wurde ausgerechnet um die Zeit, als die ersten Flugzeuge eintreffen sollten, durch eine größere Sonneneruption gestört. Bei diesen Materieausbrüchen auf der Sonnenoberfläche, sogenannten koronalen Massenauswürfen oder CMEs (Coronal Mass Ejections), wird geladene Materie weit in den Weltraum geschleudert und kann auch die Erde erreichen. Während kurzzeitig verstärkte Sonnenaktivität mit einer fulminanten Polarlichtshow einhergeht, können derart extreme Weltraumwetterbedingungen

Satelliten im All und sogar Kommunikationssysteme auf der Erde ernsthaft beeinträchtigen. So wussten wir erst, dass ein Flugzeug im Anflug war, als es sich schon fast in Sichtweite befand.

Ohne Strom kann man am Südpol im Winter nicht überleben. Für den äußersten Notfall gibt es einen autarken Bereich auf der Station, der von einem separaten Generator versorgt wird. Dort müsste man bis zum Sommer ausharren, wenn eine Rettung von außen wieder möglich ist. Experimente laufen dann aber keine mehr – es geht ums nackte Überleben.

Wiederholungstäter

Mein erstes Jahr am Südpol verging wie im Flug, und als es Zeit wurde, an den Aufbruch zurück in die »grüne Welt« zu denken, fühlte ich mich irgendwie unfertig: Ich hatte nicht einmal die Hälfte der Bücher gelesen, die ich mir vorgenommen hatte, doch plötzlich war das Jahr vorbei. Es war ein bisschen wie zu Schulzeiten in den großen Ferien, die waren auch immer zu kurz. Meinem Chef war nicht entgangen, wie gut es mir auf der Station gefiel, und er fragte mich – wenn auch eher mit einem Augenzwinkern –, ob ich nicht im nächsten Winter wiederkommen wolle. Da habe ich natürlich nicht nein gesagt, mein Studium war ohnehin schon unterbrochen.

So verbrachte ich bereits die nächste Wintersaison wieder am Südpol, und schließlich reihte sich nach und nach ein Aufenthalt auf der Amundsen-Scott-Station an den nächsten. Im Sommer 1999/2000 versenkten wir die letzten Photomodule für AMANDA im Eis, das Experiment umfasste nun insgesamt 640 Lichtsensoren, verteilt auf 17 Bohrlöcher. Ein letztes Mal betreute ich dieses Experiment noch einmal in der Saison 2002/2003.

Zwischendurch hatte ich AMANDA vorübergehend den Rücken gekehrt, um mein Studium in München abzuschließen und meine

Diplomarbeit zu schreiben: Diese führte mich auf die Kanareninsel La Palma – ein größerer Gegensatz zum Südpol war wohl kaum denkbar. Doch mit dem MAGIC-Experiment (Major Atmospheric Gamma-Ray Imaging Cherenkov), das ich dort mit aufbauen durfte, verfolgen Astronomen ein ganz ähnliches Ziel wie mit AMANDA.

Auf La Palma erforschen Astronomen die kosmische Strahlung, die uns als energiereiche Teilchen- und Gammastrahlung aus den Tiefen des Alls erreicht. Ein Großteil dieser geladenen Teilchen stammt von der Sonne und ist unter anderem Ursache für die Polarlichter. Weit weniger zahlreich, aber noch energiereicher und für die Astronomen besonders spannend sind jene Teilchen, die von Sternexplosionen in viel größerer Entfernung herrühren oder von Galaxien, die in ihrem Zentrum ein Schwarzes Loch beherbergen, dessen Masse jene der Sonne um mehr als das Milliardenfache übersteigt.

Bei den Teilchen der kosmischen Strahlung handelt es sich vorwiegend um Protonen (Kerne von Wasserstoff) und einen geringeren Anteil an Elektronen sowie Kerne schwererer Elemente. All diese Teilchen sind wesentlich massereicher als Neutrinos und lösen, wie auch die Gammastrahlung, durchaus Reaktionen aus, wenn sie auf Materie treffen. Astronauten sind dieser Strahlung ausgesetzt, und auch für Flugzeugbesatzungen, die sich regelmäßig und über längere Zeiträume in zehn Kilometer Höhe aufhalten, erhöht sie das Krebsrisiko. Auf dem Erdboden dagegen sind wir durch die Atmosphäre gut geschützt, sie fängt den Großteil der energiereichen Teilchen und Gammastrahlung ab.

Wenn diese Teilchen auf die Erdatmosphäre treffen, erzeugen sie Teilchenschauer, die ihrerseits schnell zerfallen. Dabei laufen ähnliche Reaktionen wie bei den Neutrinos im Eis ab – es entstehen Lichtblitze. Und diese Blitze sollten die lichtempfindlichen Spiegel des MAGIC-Teleskops einfangen.

Am Südpol zieren inzwischen achtzig orangefarbene Flaggen die ansonsten blanke Schneedecke im Dark Sector. Sie markieren die ins

Das IceCube-Gebäude, jede orangefarbene Flagge markiert einen IceCube-String im Eis

Eis eingelassenen Kabelstränge von IceCube. Seit 2010 erfasst das Nachfolgeexperiment von AMANDA mit insgesamt 5160 Lichtsensoren, verteilt über einen Kubikmeter, die raren Spuren kosmischer Neutrinos im Eis. Ich selbst war an dem neuen Projekt nicht mehr beteiligt, habe es aber während meiner weiteren Südpolaufenthalte immer hautnah mitverfolgt. Obwohl wesentlich umfangreicher als AMANDA, wurde IceCube in fast der gleichen Zeit fertiggestellt, da man dabei auf die Erfahrung von AMANDA zurückgreifen und quasi in Serie bauen konnte. Auch für die Wissenschaftler war nun vieles wesentlich komfortabler: Anstatt im Freien arbeiten zu müssen, gab es einigermaßen gut beheizte Behausungen, die sich auf Skiern von Bohrloch zu Bohrloch ziehen ließen. So war die Arbeit in der Kälte, noch dazu ohne Handschuhe, doch etwas angenehmer.

Täglich zeichnet IceCube die Spuren von rund 200 Neutrinos auf. Die meisten davon stammen aus dem Inneren der Sonne oder entstehen, wenn kosmische Strahlung auf die Erdatmosphäre trifft. Doch eigentlich sucht IceCube nach den wesentlich energiereicheren, aber sehr viel selteneren Neutrinos von fernen Galaxien. Kaum ein Dutzend solcher Hochenergie-Neutrinos sind IceCube bisher ins Netz gegangen.

Wenn IceCube ein solches Neutrino registriert, schickt ein spezielles Alarmsystem eine Meldung an ein weltweites Netzwerk von Observatorien. Erstmals geschah dies im Herbst 2017. Daraufhin beobachteten unter anderem ein Satellit der NASA und die MAGIC-Teleskope auf La Palma, dass eine ferne aktive Galaxie an jener Himmelsposition, aus der das besagte Neutrino zu kommen schien, besonders hell im Gammalicht strahlte.

Eine ganze Reihe weiterer Observatorien bestätigte die Aktivität dieser Galaxie im optischen, Radio- und Röntgenbereich. Später fanden die Forscher anhand der archivierten Daten heraus, dass IceCube bereits 2014 und 2015 einige hochenergetische Neutrinos aus Richtung derselben Galaxie empfangen hatte. Damals war das Alarmsystem allerdings noch nicht in Betrieb. Nun aber ließ sich erstmals eine mögliche Quelle kosmischer Neutrinos identifizieren. Das brachte die Astronomen auf ihrer Suche nach dem Ursprung der mysteriösen Gammablitze in fernen Galaxien einen großen Schritt weiter.

Auf einem ähnlichen Prinzip beruht auch das internationale Supernova-Netzwerk, in das IceCube eingebunden ist. Bei Sternexplosionen entstehen ebenfalls Neutrinos, und diese erreichen die

Beachvolleyball am Pol bei -25 °C

Erde, bevor wir oder die Teleskope eine Supernova aufleuchten sehen können. Zwar bewegen sich Neutrinos mit nahezu derselben Geschwindigkeit wie Licht durchs All, doch das Licht einer Sternexplosion wird zunächst noch von der Materiehülle des sterbenden Sterns zurückgehalten. Die Neutrinos hingegen können sie ungehindert passieren.

Ausflug zu einem Flugzeugwrack

Im Januar 1973 verunglückte eine Hercules LC-130 bei einer Landung unter harschesten Witterungsbedingungen. Die Temperatur lag bei -50 °C, und aufgewirbelte Eiskristalle in der Luft hatten zu einem Whiteout geführt. Die Sicht war nahezu null. Damals gab es, anders als heute, einen Ground Controller, der mit dem Piloten während der Landung in Kontakt war. Dieser hatte den Piloten angewiesen, nicht zu landen. Doch dann wurde dem Pi-

Im Cockpit des Flugzeugwracks unter dem Eis

loten ein Blick aus dem Cockpitfenster zum Verhängnis. Just in dem Moment, als der Copilot den Schubhebel nach vorne drückte, um durchzustarten, sah der Pilot die Pistenmarkierung und entschied sich für eine Landung. Die Maschine setzte mit viel zu hoher Geschwindigkeit auf, Flügel und Heck rissen ab. Der Rumpf glitt weiter über den Schnee, bis er neben der Landepiste zum Stehen kam.

Die Stationsbesatzung sah einen einzigen Feuerball; man befürchtete das Schlimmste und hielt schon Leichensäcke bereit. Den Insassen hingegen war anfangs die Dramatik ihrer Lage gar nicht bewusst. Die neunköpfige Crew und zwei Passagiere konnten das Flugzeug durch die Cockpitluke verlassen. Wie durch ein Wunder blieben alle unversehrt.

Später machte man aus der Not eine Tugend und schleppte das Wrack ans Ende der Landebahn, wo es lange Zeit als Radarmarkierung seine Dienste leistete. Jahr um Jahr versank es dort immer mehr im Schnee. Während meines ersten Aufenthalts am Südpol ragte nur noch das Heck ein wenig heraus. Doch das Wrack war die einzige Sehenswürdigkeit weit und breit, die wir – anders als etwa den Old Pole – ganz offiziell besuchen durften, »NSF-certified« gewissermaßen.

Der einzige Zugang ins Flugzeuginnere führte durch die Notausstiegsluke im Cockpit. Sie lag allerdings etliche Meter unter dem Schnee und war nur über eine Leiter durch einen Holzschacht zu erreichen. Das Cockpit war leergeräumt, die noch intakten Instrumente hatte man kurz nach dem Crash entfernt. Im Laderaum hatte sich so viel Schnee angesammelt, dass wir nur auf dem Bauch kriechend einige Meter vordringen konnten. Wir versuchten noch, über das Heck in den hinteren Teil des Rumpfes zu gelangen, und gruben uns etliche Meter in die Tiefe, aber nach nicht allzu langer Zeit gaben wir das Vorhaben wieder auf. Die zugänglichen Stellen des Rumpfes waren mit Namen und Jahreszahlen früherer Besucher übersät. Ansonsten sah das Innere sehr vertraut aus: Erst vor ein paar Wochen waren wir auf unserem Weg zum Pol in dem gleichen Flugzeugtyp gesessen.

Nach ein paar Jahren war selbst das Heck nicht mehr zu sehen. Inzwischen wurde die Landebahn etwas verlegt, und das Wrack liegt nun etliche Meter unter der Oberfläche ungefähr in der Mitte der heutigen Landepiste.

Fliegen mit einem Container Dynamit im Gepäck

Von Christchurch nach McMurdo brachte uns in den letzten Jahren neben der Hercules oft eine C-17 Globemaster, ein riesiges Transportflugzeug der US-Luftwaffe. Darin teilten wir uns den Platz meist mit allem möglichen Gerät: Paletten voll Güter, Schiffscontainer, Fahrzeuge, Maschinen – selbst ein Hubschrauber passte zwischen die Sitzbänke entlang des Flugzeugrumpfes.

Von unserem eigenen Antarktis-Terminal in Christchurch brachte uns gewöhnlich ein alter Schulbus den kurzen Weg über eine Straße direkt aufs Rollfeld. Als wir stattdessen einmal auf die Straße abbogen und um den gesamten Flugplatz herumfuhren, wunderte ich mich sehr. Dort stand die C-17 ganz im Abseits. Des Rätsels Lösung erfuhren wir beim Einsteigen: Wir hatten einen Container voll Dynamit an Bord. Aus Sicherheitsgründen durfte das Flugzeug also nicht in der Nähe der Flughafengebäude warten. Aber damit zu fliegen, schien völlig in Ordnung zu sein.

Überhaupt war das Fliegen in den Transportmaschinen abenteuerlich. Es gab keinen Bordservice, wie man ihn von Passagierflugzeugen gewohnt ist. Stattdessen bekamen wir vor dem Einstieg ein Lunchpaket in die Hände gedrückt, oder man nahm sich selbst etwas mit. Auch Getränke durfte man selbst mitbringen, deren »Entsorgung« sich aber vor allem in den Hercules etwas umständlicher gestaltete, gerade für die Damen. Denn eine richtige Toilette gab es nicht, nur ein Urinal, das lediglich durch einen kleinen Vorhang vom Frachtraum abgetrennt war. Waren Frauen mit an Bord, musste während des Fluges eine Toilette an der Heckrampe aufgebaut werden, ebenfalls nur von einem Vorhang verdeckt.

Es kam auch immer wieder einmal vor, dass während des Fluges technische Probleme auftraten. Wenn der Loadmaster, der für den Cargobereich des Flugzeugs zuständig war, Leitungen und Anzeigen überprüfte und mit ernster Miene in das Intercom zum Cockpit sprach, war das immer ein schlechtes Zeichen. Manchmal fiel sogar ein Motor aus, oder die vier Propeller ließen sich nicht synchronisieren, und das ganze Flugzeug zitterte.

Von ein paar Unbequemlichkeiten abgesehen mochte ich diese Transportflüge aber. Vor allem wenn bei den Hercules nur wenige Leute an Bord waren, war man auch im Cockpit willkommen. Dort war ich sogar bei ein paar Landungen am Pol dabei. Oder auch einmal in McMurdo, bei extrem schlechtem Wetter. Im Gegensatz zum Pol gibt es dort aber Radar und einen kleinen Kontrollturm,

C-17-Einstieg durch die Crewdoor in Christchurch

Hubschrauber und viel Material im Laderaum

Das Fliegen in Transportmaschinen

der Fluglotse kann den Piloten also mit Informationen versorgen. Weitere elektronische Anflughilfen, über die jeder halbwegs normale Flughafen verfügt, fehlen aber auch hier. Ich saß hinten im Cockpit und konnte über die Kopfhörer die Anweisungen des Towers verfolgen. Draußen: nichts als eine weiße Wand. Im letzten Moment tauchte die Landebahnmarkierung auf, und schon setzten wir auf. Ich selbst hätte die Situation nicht unbedingt als brenzlig eingestuft, aber die Kommentare der Piloten nach der geglückten Landung ließen anderes erahnen.

Wenn die Flugzeuge tatsächlich einmal nicht in McMurdo landen können, ist das ein Problem. Es gibt keine Ausweichflughäfen, und der Treibstoff reicht meist nur noch für eine kurze Strecke. In solchen Fällen fliegen die Piloten aufs Eisschelf, wo es weit und breit keine Hindernisse gibt. Ohne jede Sicht tasten sie sich langsam nach unten vor, bis sie auf dem Eis aufsetzen. Das ist natürlich nur mit Skiern am Fahrwerk möglich. Dort harren sie dann aus, bis das Wetter wieder besser wird.

Auf dem Flug von Christchurch nach McMurdo gibt es für die Hercules LC-130 den sogenannten »point of no return«, an dem noch mal alle Wetterinformationen eingeholt werden. Kehrt man dort nicht um, bleibt einem keine andere Option, als bis McMurdo durchzufliegen. Für eine spätere Umkehr würde der Treibstoff nicht ausreichen. Es kommt also häufiger vor, dass man nach etlichen Stunden Flugzeit wieder zum Ausgangspunkt zurückkehrt, ohne sein Ziel erreicht zu haben – der gefürchtete »Boomerang«.

Die LC-130 ist ein Arbeitstier und auch für unbefestigte oder nicht präparierte Pisten geeignet. Um auf kurzen, rauen Startbahnen wieder abheben zu können, kommt eine sogenannte Jet-Assisted-Take-Off-Technik (JATO) zum Einsatz. Dazu werden kleine Feststoffraketen an den Flugzeugrumpf montiert, die zusätzlichen Schub bringen. Einmal gezündet, lassen sie sich allerdings nicht mehr abschalten. Das sieht zwar spektakulär aus, ist aber alles andere als ungefährlich. Seit 1956 haben die Amerikaner gut fünfzig Flugzeuge und Hubschrauber in der Antarktis verloren. Ein nicht unerheblicher Teil der Flugzeugunglücke war dem Einsatz von JATO geschuldet.

Ein andermal wurde eine Hercules bei einer harten Landung auf unpräparierter Piste in der Nähe eines Field Camps mitten in der Antarktis so stark beschädigt, dass sie den Sommer über nicht mehr geborgen werden konnte. Man demontierte die empfindlichen Gerätschaften und wollte das Flugzeug nach dem langen Winter im Jahr darauf wieder flottmachen. Es kam allerdings zu einigen Verzögerungen, und aus einem Jahr wurden etliche. Als man sich dazu entschloss, die Maschine doch noch zu bergen, musste man sie erst einmal aus dem Schnee ausgraben. Die Motoren und wichtigsten Anzeigen wurden wieder montiert. Doch als zur Bergung der gestrandeten Maschine weiteres Material und Personal eingeflogen wurde, erlitt eine zweite Hercules eine Bruchlandung und konnte nicht mehr gerettet werden. Die erste LC-130 aber ließ sich wieder starten, schaffte es nach McMurdo und kam nach einer Komplettüberholung in den USA zurück in den Dienst.

Der erste Gleitschirmflug am Südpol

Meine eigenen Flugübungen beschränkten sich derweil auf das Gleitschirmfliegen. Damit hatte ich 1991 während meiner Zeit bei der Bundeswehr begonnen. Doch seit ich regelmäßig einen Großteil des Jahres am Südpol verbrachte, blieb mir in der grünen Welt kaum Zeit für dieses Hobby, denn ich war ja immer nur kurz daheim.

Am Südpol wiederum kommt man mit dem Gleitschirm nicht wirklich hoch hinaus. Für Trockenübungen am Boden, das sogenannte Groundhandling, das für Gleitschirmflieger ebenso essenziell ist wie regelmäßiges Fliegen, sind die Bedingungen dafür umso

Groundhandling am Pol …

… trotz der Kälte schweißtreibend

Mit Gleitschirmen bei Bodenübungen

günstiger – der Wind bläst relativ beständig, außerdem gibt es weder Thermik noch Böen. Dabei entwickelt man ein sehr gutes Schirmgefühl, das vor allem in der Startphase wichtig ist. Hat man noch Boden unter den Füßen, machen sich selbst minimale Veränderungen der Windverhältnisse am Schirm sehr viel stärker bemerkbar als in der Luft. Der Schirm droht leichter auszubrechen, man muss schnell reagieren und sich dagegenstemmen, um ihn in der Luft zu halten. Einmal abgehoben, fungiert der Körper als Gegengewicht und stabilisiert den Schirm.

Für mein Training am Südpol hatte ich mir extra einen günstigen Schirm samt Gurtzeug besorgt. Es war ein älteres Modell, viel widerspenstiger und bei weitem nicht so agil wie moderne Schirme, aber für das Groundhandling leistete er gute Dienste. Ich fand sogar einen Gleichgesinnten, und zusammen absolvierten wir die ersten, inoffiziellen, Gleitschirmflüge am Südpol – auch wenn es kaum mehr als ein paar Meter Flughöhe waren! Dazu banden wir ein zwanzig Meter langes Seil in unser Gurtzeug und ließen uns von zwei Kollegen wie beim Drachensteigen hochziehen.

Pole über Pole

An Silvester gibt es natürlich auch am Südpol eine Party, allerdings ohne Feuerwerk, denn es ist ja 24 Stunden hell. Weil dort aber alle Zeitzonen zusammenlaufen, stießen wir gleich mehrmals draußen an – bis alle vertretenen Nationalitäten das neue Jahr begrüßt hatten. Am 1. Januar haben wir am Südpol noch eine ganz besondere Tradition. Der Ort des geografischen Südpols wird mit einer Stele markiert. Weil das Eis driftet, driftet auch der Polmarker und ist ein Jahr später nicht mehr richtig platziert. Also wird der alte durch einen neuen Polmarker an den korrekten Koordinaten ersetzt.

Der neue »Pole Marker« wird gesetzt, 01.01.2005

Der geografische Südpol mit den Markierungen der letzten Jahre

Die »Pole Marker« vergangener Jahre in der Station

Während des langen Winters hatte der Werkzeugmechaniker in seiner Werkstatt das gute Stück geschaffen. Beim Schichtwechsel im November wurde der Polmarker feierlich dem Sommermanager übergeben, und auch wir durften schon einen ersten Blick darauf werfen. Bis Neujahr wurde er verhüllt im Büro des Managers aufbewahrt, und es war ein ungeschriebenes Gesetz, bis dahin keine Fotos davon zu veröffentlichen. Erst dann wurde der neue Polmarker in einer feierlichen Zeremonie an Ort und Stelle eingeweiht.

Dabei ist die Frage nach dem Südpol nicht ganz trivial. Viele denken bei »Südpol« an die gesamte Antarktis, aber das ist falsch. Ein Pol ist per Definition ein Punkt, der Südpol folglich der südlichste Punkt auf dem Globus. Dort, wo ein präzises GPS exakt 90° Süd anzeigt, liegt der geografische Südpol. An diesem kartografischen Referenzpunkt laufen alle Längengrade zusammen. Von dort aus geht es in jede Richtung nach Norden. Da das aber etwas unpraktisch bei der Angabe von Himmelsrichtungen ist, wurde das sogenannte Grid North (Gitter-Nord) eingeführt. Darin ist der nullte Längenmeridian als Norden festgelegt.

Eigentlich sollte man annehmen, dass dieser auch mit dem »Durchstoßpunkt« der Erdachse (dem *konventionellen terrestrischen Pol*) zusammenfällt. Doch die Erddrehung ist ständig kleinen Schwankungen unterworfen, sodass sich die Orientierung der Rotationsachse gegenüber dem fixen geografischen Koordinatensystem fortlaufend ändert.

Als dritten Pol haben wir noch den *zeremoniellen Südpol* mit den zwölf Flaggen und dem »Barber Pole« – ein rot-weiß gestreifter Pfahl mit einer verspiegelten Metallkugel. Die Geschichte dahinter: Als die Amerikaner 1956 zum Südpol kamen, fiel ihnen auf, dass sie eigentlich gar nichts hatten, um »den Pol« zu markieren. Eilig wurde ein vier Meter langer, etwa zwölf Zentimeter dicker Bambuspfahl aus McMurdo eingeflogen. Auf die Spitze wurde eine verspiegelte Kugel gesetzt, die die Wissenschaftler ohnehin mitgenommen

2001

2010

2011

2012

2015

2019

Der Barber Pole am zeremoniellen Südpol

hatten, um im Winter mithilfe der Reflexion Aufnahmen des gesamten Himmels zu machen. Mittlerweile ist diese Markierung zu einem regelrechten Wahrzeichen geworden.

Zu diesem Trio gesellen sich noch drei weitere Südpole. Zum einen wäre da natürlich der *magnetische Südpol.* Das Erdmagnetfeld ist sehr komplex und wird durch Ströme im flüssigen Eisenkern der Erde verursacht. Daher sind die magnetischen Pole ebenfalls nicht ortsfest, sondern verschieben sich um etliche Kilometer im Jahr. Mittlerweile liegt der magnetische Südpol nicht einmal mehr auf dem antarktischen Kontinent, sondern hat sich etwa 3000 Kilometer Richtung Australien vom geografischen entfernt. Eine Kompassnadel richtet sich auf diesen Pol aus; genau über ihm frei aufgehängt, würde sie direkt nach unten zeigen.

Doch der Verwirrung nicht genug. Denn eigentlich handelt es sich bei dem magnetischen Pol in der Antarktis um einen magnetischen Nordpol. Das liegt an der Definition, die man unglücklicherweise gewählt hat, als man erste Experimente mit Magnetnadeln durchführte. Das nach Norden orientierte Nadelende wurde als magnetischer Nordpol definiert. Allerdings wird ein magnetischer Nordpol von einem magnetischen Südpol angezogen, folglich muss sich auf der nördlichen Hemisphäre ein magnetischer Südpol befinden. Da sich das Erdmagnetfeld alle paar 100 000 Jahre umpolt – und das längst überfällig ist –, wird sich das in Zukunft berichtigen.

Sehr vereinfacht lässt sich das Erdmagnetfeld durch einen Stabmagneten im Erdmittelpunkt beschreiben. Der Durchstoßpunkt der Achse dieses Stabmagneten auf der Südhalbkugel definiert den *geomagnetischen Südpol.* Das entspricht natürlich nicht der Wirklichkeit, beschreibt aber das erdnahe Magnetfeld relativ gut. Um den geomagnetischen Pol ist das Polarlichtoval, die Zone mit der größten Polarlichtaktivität zentriert.

Und zu guter Letzt: der *Südpol der Unzugänglichkeit.* Das ist der Punkt in der Antarktis, der in alle Richtungen am weitesten von der Küste entfernt ist.

Urlaub

Recht bald im neuen Jahr – für gewöhnlich Ende Januar, Anfang Februar – bekamen wir, die wir das ganze Jahr blieben, eine Woche Urlaub. Während meiner ersten Aufenthalte am Südpol war es üblich, dass wir dazu nach McMurdo flogen. Mein allererster Urlaub war jedoch – zumindest teilweise – unfreiwillig. In wenigen Wochen würde die Station für den Winter geschlossen werden, wir würden also für die nächsten achteinhalb Monate dort festsitzen. Entsprechend gründlich war der Gesundheitscheck ausgefallen, dem ich mich – wie alle übrigen Winterover auch – noch vor meinem Reiseantritt zum Südpol hatte unterziehen müssen. Es gab zwar einen Arzt auf der Station, doch mit den beschränkten Mitteln vor Ort ließen sich nur kleinere Eingriffe vornehmen. Im Sommer flog gelegentlich noch ein

Zahnarzt von der Navy aus McMurdo ein. Kurz vor Winterbeginn schaute er auch diesmal wieder vorbei, versiegelte kleinere Löcher oder führte Zahnreinigungen durch. Bei mir war so weit alles in Ordnung, bis auf die Weisheitszähne auf der linken Seite. Hier gefielen ihm die kleinen Zahnfleischtaschen nicht, die bei meinem großen Gesundheitscheck übrigens nicht beanstandet worden waren: Es bestünde ein – wenn auch geringes – Risiko, dass sie sich entzünden könnten. Die Anweisung lautete also: Ziehen lassen oder nicht überwintern.

So ging es für mich Anfang Januar zu einem »Kurztrip« mit drei Stunden Flug nach McMurdo und noch einmal neun Stunden nach Christchurch, wo mich der Navy-Zahnarzt in einer besser ausgestatteten Praxis behandelte. Keine zehn Minuten später waren beide Zähne draußen. Das war vermutlich die weiteste Anreise für eine Weisheitszahnextraktion, sowohl für den Patienten als auch für den Arzt!

Einen Tag musste ich noch warten, bis ich wieder fliegen durfte. Dann schlug allerdings das Wetter in McMurdo um, sodass man dort nicht landen konnte, und ich hing eine ganze Woche in Christchurch fest. So genoss ich den warmen Sommer dort noch einmal in vollen Zügen und nutzte die Gelegenheit für ein paar Besorgungen. Von meinen Kollegen am Südpol nahm ich Last-Minute-Bestellungen entgegen: Süßigkeiten, Kleidungsstücke, Fotokalender, Toilettenartikel – alles Dinge, die ihnen dort fehlten.

McTown und ein Stück Expeditionsgeschichte

Für gewöhnlich verbrachten wir unsere Urlaubswoche aber recht entspannt in McMurdo, von uns McTown genannt. Nun zählt die karge Siedlung an der Küste der Antarktis gewiss nicht zu den Top Ten der beliebtesten Ferienziele. Doch nach Wochen oder gar Monaten im ewigen Eis war es eine willkommene Abwechslung,

McMurdo mit Discovery-Hütte im Vordergrund, Versorgungsschiff am Pier, rechts im Bild der Observation Hill

Scotts Kreuz auf dem Observation Hill

Im Inneren von Scotts Discovery-Hütte

wieder etwas anderes als nur Schnee zu sehen, richtige Erde unter den Füßen zu haben, auf Berge zu steigen und gelegentlich auch Tiere zu sehen. Vor allem genossen wir die geradezu tropisch anmutenden Temperaturen um den Gefrierpunkt und ausgiebiges Duschen.

Die Bucht von McMurdo bietet einen guten Ausgangspunkt für die Erkundung des Kontinents. Der Stützpunkt selbst ist seit 1956 permanent in Betrieb, im Winter lebten hier zu Hochzeiten 250, im Sommer über tausend Menschen. Mittlerweile hat sich die Anzahl der Bewohner bei etwa 150 im Winter und 800 im Sommer eingependelt. Auch die NSF hat dort einen Vertreter. Die Siedlung liegt am südlichsten Ende der Hut-Point-Landzunge der Rossinsel, die über das Ross-Schelfeis mit dem antarktischen Kontinent verbunden ist. Hier war auch Scott bei seiner ersten Expedition in die Antarktis angelandet. Heute ist McMurdo das logistische Drehkreuz nicht nur für die Südpolstation, sondern auch für einige weitere Stationen und Field Camps in der Antarktis. Daneben werden wissenschaftliche Untersuchungen zum Schelfeis, zur Meeresbiologie und am Mount Erebus, dem südlichsten aktiven Vulkan der Erde, durchgeführt.

Die nächstgelegene Erhebung ist aber der Observation Hill, auf dem ein Holzkreuz an Scott erinnert. Selbst mit nur 230 Metern Höhe ist der Hügel ein markantes Wahrzeichen neben der Station – eines der wenigen Ausflugsziele in der Umgebung, die auch ohne Outdoor-Training mit Sicherheitseinweisung zu Flaggenrouten oder Gletscherspalten und Nothütten in Frage kamen. So erklommen wir ihn jedes Mal, wenn wir in McMurdo waren, sei es für den Kurzurlaub oder nach dem langen Winter auf der Durchreise zurück in die grüne Welt. Von dort oben hat man eine gute Aussicht auf die Station, die Rossinsel und über das Eis hinaus in die Bucht. Im Landesinneren ragt der Kegel des Mount Erebus, aus dem beständig eine Rauchwolke aufsteigt, majestätisch empor. In seinem Krater beherbergt er einen Lavasee, wie es ihn sonst nur in wenigen anderen Vulkanen gibt.

Drei Kilometer von McMurdo entfernt, am östlichen Rand der Hut-Point-Halbinsel, liegt die von Neuseeländern betriebene Scott

Base. Hier treffen Meereis und Schelfeis aufeinander. Durch den dabei entstehenden Druck bilden sich Presseisrücken, und an etlichen Stellen bricht das Eis auf. An diesen Wasserlöchern sind häufig Weddellrobben anzutreffen, die südlichsten Säugetiere überhaupt.

Auch sonst war die Scott Base immer einen Besuch wert. Man konnte Souvenirs kaufen, und einmal pro Woche fand die America's Night statt, eine kleine Party, zu der die Amerikaner von McMurdo herüberkamen.

Auf einer leichten Erhebung neben dem Pier von McMurdo steht noch heute die Hütte, die Scott im Jahr 1902 während seiner Discovery-Expedition (1901 bis 1904) errichten ließ. Damals gab es hier weit und breit nichts, aber Scott erkannte die strategisch günstige Lage, die auch späteren Expeditionen eine gute Ausgangsbasis bot. Die Hütte gleicht äußerlich einem australischen Buschhaus, sie war in Australien vorgefertigt worden. Sie diente vor allem als Lagerstätte, Aufenthaltsraum oder für Theateraufführungen. Geschlafen haben die Pioniere allerdings auf dem Schiff, denn dazu war es in der Hütte zu kalt. Daneben gab es noch kleinere Schuppen für Experimente, etwa magnetische Messungen.

Vor dem Eingang begrüßt einen eine mumifizierte Robbe, seit über hundert Jahren fristet sie dort schon ihr Dasein. Die Holzwände im Inneren sind von Ruß überzogen, und noch heute hängt der beißende Geruch von verbranntem Robben- und Pinguinfett in der Luft, das damals als Brennstoff diente. Holz gab es ja keines, und mitgebrachte Kohlen waren ein knappes Gut. Es ist erstaunlich, was in der kleinen Hütte alles die Zeit überdauert hat: In der ehemaligen Vorratskammer hängen mumifizierte Teile von Schafen und Seehunden an der Wand, und auch Konserven finden sich noch. Einige stammen von der ersten Expedition 1901, andere von späteren, die die Hütte auf ihren Reisen in die Antarktis nutzten.

Unweit der Discovery-Hütte erinnert ein Holzkreuz an George Vince, ein Crewmitglied von Scott. Im März 1902 hatte er bei einem

Whiteout die Orientierung verloren und war über einen Hang ins Meer abgerutscht.

Einmal führte mich ein Ausflug sogar bis nach Cape Evans, etwa zwanzig Kilometer weiter nordwestlich von McMurdo gelegen. Hier landete Scott bei seiner Terra-Nova-Expedition 1911 an und startete die Durchquerung der Antarktis zum Südpol. Die Bucht von McMurdo war damals so vereist, dass sie per Schiff nicht bis zum Standort der Discovery-Hütte hatten vordringen können.

Unser Weg zur Hütte von Scotts Terra-Nova-Expedition führte uns an der Erebus-Eiszunge vorbei, die bis auf das Meereis hinausreicht. Das Höhlensystem im Gletscherinneren ließ einen in eine magische Eiswelt abtauchen. Von der Decke hingen Eiszapfen tropfsteinartig herab, die von Schneekristallen ummantelt waren. Ein wenig Tageslicht schaffte es, die dicken Eisschichten zu durchdringen, und tauchte alles in ein fantastisches Blau.

Als sich Scott mit seinem Trupp von Cape Evans aus auf den Weg zum Südpol machte, konnte er auf die Erfahrung Shackletons zurückgreifen, der ihn auf der Discovery-Expedition begleitet hatte und später mit seiner eigenen Nimrod-Expedition (1907 bis 1909) bereits bis auf fast einen Grad an den Südpol herangekommen war. Als Shackleton klarwurde, dass er es mit seinen Leuten zwar noch bis zum Südpol, von dort aber nicht mehr zurück schaffen würde, drehte er um. Wie alle Pioniere strebte auch er nach Ruhm, trotzdem war es ihm wichtiger, keinen seiner Männer zu verlieren, als sein Ziel zu erreichen. Ganz ist ihm das nicht immer gelungen: Auf der späteren Endurance-Expedition, mit der er die gesamte Antarktis durchqueren wollte, ließen einige seiner Leute ihr Leben. Sie waren allerdings Teil jenes Trupps, der von der anderen Seite her kommend Proviantlager aufbaute und auf dessen Schicksal Shackleton keinen direkten Einfluss hatte.

Schon während der Discovery-Expedition hatte Scott in Shackleton viel mehr einen Kontrahenten als einen Gefährten gesehen, und so waren sie fortan unabhängig voneinander ihrer

Wege gegangen. Dennoch trat Scott nun in Shackletons Fußspuren, hatte dieser doch den besten Übergang über das Transantarktische Gebirge ins Inland des Kontinents ausgemacht, den nun auch Scott nutzte.

Die Gipfel des Gebirgsrückens ragen von der Küste her kommend 3000 Meter empor, auf der anderen Seite fallen sie nur einige hundert Meter ab; von dort aus ebnet das Plateau des antarktischen Eisschilds den Weg ins Landesinnere. Doch davor lauerten schroffe Felsen, und im Verborgenen klafften gefährlich tiefe Gletscherspalten.

Amundsen, Scotts Rivale beim Wettlauf um die Eroberung des Südpols, landete mit seiner Fram-Expedition (1910 bis 1912) in der Bucht der Wale an. Seine Hütte errichtete er auf dem Schelfeis, das jedoch längst abgebrochen und weggedriftet ist. Die Überreste der Hütte liegen heute irgendwo verschollen auf dem Meeresgrund.

Für Amundsen war die Gegend unbekanntes Terrain, von der Bucht der Wale aus musste er erst noch eine Passage durch das Transantarktische Gebirge finden. Schließlich gelangte er mit seiner Expedition über den Axel-Heiberg-Gletscher ins Landesinnere. Trotzdem erreichte er zusammen mit vier Mann am 14. Dezember 1911 als Erster den Südpol. Scott traf mit seiner ebenso großen Mannschaft erst rund einen Monat später ein, am 17. Januar 1912. Zu seiner großen Enttäuschung fand er Amundsens Zelt schon dort vor. Anders als sein Kontrahent schaffte Scott es mit seinen Gefährten allerdings nicht mehr zurück an die Küste. Als sich seine Kameraden aus dem Basislager nach einem weiteren Winter auf die Suche machten, fanden sie nur wenige Kilometer vom nächsten Depot entfernt das Zelt mit den Leichnamen von Scott und zwei seiner Begleiter, sowie Scotts Tagebuch. Über dem Zelt mitsamt den sterblichen Überresten errichteten sie eine Schneepyramide und stellten zum Gedenken an Scott und seine Männer auf dem Observation Hill jenes Holzkreuz auf, das noch heute dort steht.

Noch ein Wettlauf zum Südpol

Hundert Jahre nach Amundsen und Scott rüsteten sich erneut zwei Teams für den Wettlauf zum Südpol. Eine deutsch-österreichische Fernsehproduktion wollte zum Jubiläum zeigen, wie hart die Durchquerung der Antarktis auf Skiern trotz moderner Ausrüstung auch heute noch ist.

Das Team des ORF stellten der ehemalige österreichische Skirennfahrer Hermann Maier, bekannt als »Herminator«, der Moderator Tom Walek, die Marathonläuferin Sabrina Grillitsch, damals auch Gebirgsjägerin beim Bundesheer, sowie der Hundeschlittensportler Alexander Serdjukov. Das Team des ZDF wurde geführt von Markus Lanz; mit dabei waren außerdem der Musiker und Extremsportler Joey Kelly, die Marathonläuferin Claudia Beitsch sowie Dennis Lehnert, Hauptmann der Bundeswehr.

Die Expedition begann an der dem Startpunkt von Scott und Amundsen gegenüberliegenden Küste des antarktischen Kontinents. Von der russischen Station Nowolasarewskaja aus liefen beide Teams zunächst auf das antarktische Hochland Königin-Maud-Land, um sich zu akklimatisieren. Anschließend wurden sie von einem Flugzeug bei einer südlichen Breite von 86°40" abgesetzt und brachen von dort am 20. Dezember 2010 zum Südpol auf. Die Strecke war mit knapp 400 Kilometern um einiges kürzer als jene, die Amundsen, Scott, Shackleton und ihre Weggefährten zurückgelegt hatten, und auch wesentlich sicherer, weil es keine Gletscherspalten zu überwinden gab. Trotzdem war es alles andere als ein Spaziergang.

Die Expedition wurde von dem Kamerateam und einem Tross von Unterstützungsfahrzeugen, die etwas abseits ihrer Route fuhren, begleitet. Letztere standen für Notfälle zur Verfügung, während das Kamerateam immer wieder vorbeischaute, um zu filmen. Doch ansonsten bewegten die beiden Wettlaufteams sich völlig autark.

Meine Willkommensflaggen für das deutsche und österreichische Team

Als Willkommensgruß hatte ich am geografischen Südpol eine deutsche, eine bayerische und eine österreichische Flagge aufgestellt. Die Filmcrew machte die Vorhut, sie wollte ja die Ankunft dokumentieren. Sie staunte nicht schlecht, als sie am Südpol auf Deutsch und sogar Bayerisch begrüßt wurde. Kurz vor Neujahr war es so weit. Als Erstes traf das österreichische Team am 28. Dezember ein, das deutsche erreichte das Ziel 45 Stunden später. Der Teamgeist schien bei den Österreichern ausgeprägter, allerdings musste einer von ihnen wegen Erfrierungen an den Händen früher aufgeben.

Einige hundert Meter abseits der Station schlugen unsere Besucher ihr Zeltlager auf. Auch hier am Südpol versorgten sie sich komplett selbst. Nach den Regeln der NSF durften wir ihnen die Labore und Teleskope nicht zeigen, obwohl das Filmteam sehr erfahren in Wissenschaftsdokumentationen war. Nur ein kurzer Besuch in der Station – ohne Kamera – war erlaubt. Eigentlich völlig unverständlich, denn es wäre eine gute Chance gewesen, der breiten Öffentlichkeit die Arbeit auf der Amundsen-Scott-Station näherzubringen.

Beide Teams am Pol

Als den Wienern im Kamerateam der Kaffee ausging, konnten wir zwar nichts vom offiziellen Vorrat der Station abzweigen, doch aus dem Privatbestand der Winterover trugen wir eine kleine Kaffeespende zusammen und konnten sie damit sehr glücklich machen. Und als Hermann Maier einmal äußerte, wie gern er Pringles mochte, besorgte ich ihm welche im Store und ließ sie heimlich neben seinen Schlafsack legen. Als er aufwachte, staunte er nicht schlecht.

Selbst zu Neujahr durften wir unsere Gäste nicht auf der Station willkommen heißen, also feierten wir gemeinsam mit ihnen draußen im Camp. Vier Stunden bei -26 °C, aber immerhin war es ja rund um die Uhr sonnig. Außerdem gab es Wodka und Whisky, doch nicht etwa »on the rocks« – sondern durch einen extra dafür hergestellten Eisblock gekühlt, in den ein Trinkschlauch eingefroren war.

Pinguine auf einem Eisberg und abgelaufene Konserven

Während meiner ersten Urlaube in McMurdo gab sich das USAP alle Mühe, uns Polies einiges zu bieten, und organisierte immer interessante Ausflüge. Doch mit der Zeit wurden die finanziellen Mittel mehr und mehr gekürzt. Und was machen viele Menschen an so einem eintönigen Ort, aus purer Langeweile? Sie beginnen zu trinken und benehmen sich dann leider auch entsprechend. Deshalb waren wir in McMurdo mit der Zeit nicht mehr so gern gesehen. So kam es, dass uns in den letzten Jahren zugestanden wurde, unseren Urlaub in Neuseeland zu verbringen. Ich persönlich profitierte aber nur ein Mal, im Jahr 2011, davon.

Nichtsdestotrotz war McMurdo für unsere Südpolstation die notwendige Lebensader zur Außenwelt. Lange über den Winter hinaus hält das Meereis den McMurdo-Sund verschlossen. Erst gegen Ende des antarktischen Sommers, Ende Januar, Anfang Februar, beginnt es aufzubrechen. Um diese Zeit liefert ein Versorgungsschiff – das einzige im ganzen Jahr – alles Nötige für die Stationen, was nicht schon über den Sommer eingeflogen wurde. Auf dem Rückweg nimmt es Abfall, altes Baumaterial und was sonst nicht mehr benötigt wird, mit in die USA, wo es recycelt oder entsorgt wird. In dieser Zeit kommt auch ein Tankschiff, mittlerweile dank der Traverse nur noch alle zwei Jahre, und liefert den Treibstoff für Flugzeuge, McMurdo und die Südpolstation.

Oft muss ein Eisbrecher nachhelfen, die Fahrrinne zum Rossmeer zu öffnen und freizuhalten. Einmal hatte ich die Gelegenheit, mit dem Eisbrecher die zwanzig Kilometer lange Strecke mit hinausfahren zu dürfen. Auf dieser Fahrt habe ich meine ersten Pinguine auf einem Eisberg und meine ersten Orcas gesehen.

Vieles, was das Schiff im Spätsommer in McMurdo anliefert, wird zunächst eingelagert, denn der Südpol kann nur bis Mitte Februar angeflogen werden. Um Platz für die neue Lieferung zu schaffen, werden vorher die Lager geräumt, und was noch vom Vorjahr übrig ist, wird per Flugzeug an den Südpol geschickt. Die meisten unserer Vorräte hatten also schon für ein Jahr in McMurdo gelegen und ihr Mindesthaltbarkeitsdatum überschritten. Dort hingegen konnte man sich an der frischen Ware erfreuen.

Ausflug zum Meteoritenfeld

So gut mir auch das Leben am Südpol gefiel, nahm ich doch gern die Gelegenheit zu einen Ausflug in eine mir unbekannte Gegend der Antarktis wahr: die Blue Ice Fields.

Diesmal flogen wir mit einer kleineren Twin Otter, die wesentlich mehr Fenster hatte und eine viel bessere Aussicht bot als die Hercules. Schon von weitem blendete mich die Reflexion der Sonne auf dem Eis. Hier, wo die Gletscher an die antarktischen Berge drücken, fegen starke Fallwinde die Schneeschicht weg und legen das blanke Gletschereis frei.

Für Astronomen bergen die Blue Ice Fields wertvolle Schätze. Täglich gehen auf der Erde etliche Tonnen an Materie aus dem All nieder. Das meiste davon ist Staub, es sind aber auch immer wieder kleinere Steinchen und gelegentlich größere Brocken dabei: Meteorite. Sie bestehen aus Material, das aus der Entstehungszeit des Sonnensystems stammt und seitdem quasi unverändert ist. Aus ihrer Zusammensetzung erhoffen sich Astronomen Auskunft über die Bedingungen zur Zeit der Planetenentstehung, also auch über unseren eigenen kosmischen Ursprung.

Zwar gehen solche Meteorite überall nieder, doch auf dem Rest der Erde sind sie schwer zu finden oder – zumindest auf den ersten Blick – kaum von irdischem Gestein zu unterscheiden. Bei Steinen auf diesen Blue Ice Fields kann man sich hingegen relativ sicher sein, dass es sich dabei um Meteorite handelt. Dabei ist es keineswegs so, dass das Material erst kürzlich auf die Erde gefallen sein muss. Der Gletscher drückt hier durch die Drift gegen die Berge, sodass das Eis sich nach oben stülpt und auch tiefere Schichten an die Oberfläche gelangen und mit ihnen nicht selten Meteorite, die bereits vor Tausenden Jahren niedergegangen sind und so lange im Eis konserviert wurden.

Im antarktischen Sommer suchen Meteoritenforscher daher regelmäßig die Eisfläche nach solchen Steinchen aus dem All ab. Dabei werden sie von unserer Station logistisch unterstützt. Jetzt, am Ende des Sommers, wurde ihr Field Camp geräumt, und es musste noch ein Schneemobil mit dem Flugzeug abgeholt werden. Da war ich natürlich sofort dabei.

Halos

Während des Polartags rufen Eiskristalle in der Atmosphäre bisweilen beeindruckende Himmelserscheinungen hervor. Sechseckige Eiskristalle in Form einer Bienenwabe können das Licht der Sonne derart brechen, dass um sie herum ein heller Lichtkranz im Radius von 22 Grad erscheint. Das ist die häufigste Form der Halos. Auf der gleichen Höhe wie die Sonne kann die Brechung verstärkt sein, dann entstehen zudem sogenannte Nebensonnen.

Sind die atmosphärischen Bedingungen günstig, zeigt sich ein zweiter Ring im Radius von 46 Grad, an dessen oberem Rand ein kleiner aufgesetzter Lichtbogen zu sehen ist, wie ein kleines Schiffchen auf einem großen Kreis. In diesem Zirkumzenitalbogen sind die Spektralfarben oft sehr ausgeprägt.

Bei noch besseren Bedingungen kann ein Horizontalbogen entstehen, der den gesamten Horizont auf Höhe der Sonne umläuft.

Kleine Eiskristalle in der Atmosphäre sind für die Halo-Erscheinungen verantwortlich

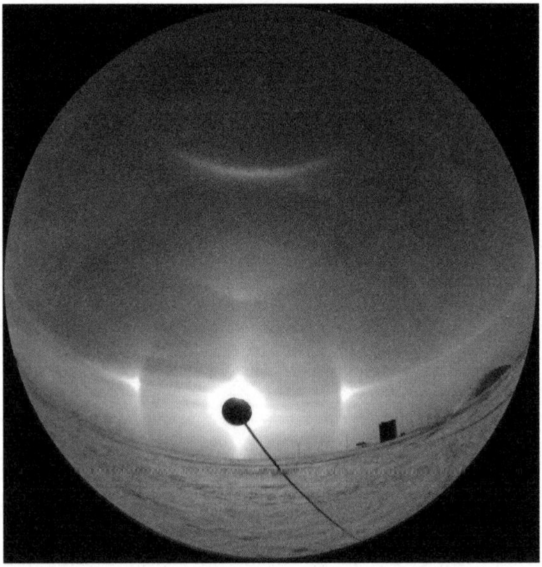

Eine besonders ausgeprägte Haloerscheinung in 2003, im Inneren der 22°-Ring mit Nebensonnen, außen der seltenere 46°-Ring mit den Zirkumzenitalbogen, auch der Horizontalbogen verlief um den gesamten Horizont

Dabei kann auch noch eine Gegensonne auftreten, eine Art großes X direkt gegenüber der Sonne, sowie Gegennebensonnen, die bei 120 Grad auf diesem Bogen erscheinen.

Die letzten Freshies, aber kein Bier für den Winter

Auch am Südpol wurde es schon merklich leerer; die Stationsbesatzung schrumpfte langsam, aber beständig, und wir bereiteten uns auf das Ende des Sommers vor. In der Woche bevor die Station dichtmachte, erwarteten wir sehnsüchtig noch einmal eine letzte ordentliche Lieferung Freshies – frisches Obst und Gemüse. Die nächsten Wochen lebten wir davon im Überfluss, danach waren wir auf Konserven und Tiefgefrorenes angewiesen. Nur Kartoffeln und Zwiebeln würden mit ein wenig Glück fast den gesamten Winter hindurch reichen, und das kleine Gewächshaus versorgte uns zumindest hin und wieder mit einem Salat.

Frische Eier, die auch geliefert wurden, ließen sich ganz fantastisch haltbar machen, indem man sie einölte. Das verschließt die Poren, und sie lassen sich bis zu einem Jahr bei Zimmertemperatur lagern. So gab es zu Winterbeginn traditionell eine Egg-Oiling-Party mit mehreren tausend Eiern.

Nicht immer klappte bei diesen letzten Lieferungen alles wie vorgesehen. Wegen eines logistischen Fehlers gab es in meinem ersten Jahr keinen Biernachschub für den Winter. Als dann bekannt wurde, dass ausgerechnet die beiden Bayern und der Australier aus der Crew gar keinen Alkohol tranken, war das Weltbild der übrigen Besatzungsmitglieder – alles Amerikaner – erst einmal zerstört. Aber im Grunde waren sie dann ganz froh darüber, denn so reichte der noch vorhandene Biervorrat ein wenig länger. Im Jahr darauf bekamen wir von einer Brauerei sogar eine Palette Bier für die Station gesponsort – allerdings

Egg-Oiling-Party: Einölen Tausender Eier

hat es diese leider nie bis zum Südpol geschafft, denn man hatte sie sich in McMurdo unter den Nagel gerissen.

Ein anderes Mal hätten wir gern noch etwas mehr Freshies für den Winter gehabt, weil die bisherige Lieferung recht spärlich ausgefallen war. Stattdessen hatte das Flugzeug bereits Sachen für den nächsten Sommer an Bord: palettenweise T-Shirts und Souvenirs für den Shop sowie Stahl für die neue Station, der gut noch ein Jahr in McMurdo hätte lagern können.

Das letzte Flugzeug

An den Moment in meinem ersten Südpoljahr, als das letzte Flugzeug vor dem Winter die Station verließ, erinnere ich mich noch genau. Er hatte etwas Überwältigendes. Wir folgten der startenden Maschine neben der Piste, bis sie hinter einer Wand aus aufgewirbeltem Schnee verschwand. Der Abschied von den Sommerleuten,

Der große Abschied von der Sommercrew

Beim Verabschieden der Sommerleute

Keiner der Sommerbesatzung will das letzte Flugzeug verpassen

Der letzte tiefe Überflug

Als Letztes kommen noch die kleinen Maschinen zum Auftanken vorbei, hier zwei Twin Otter ...

… und eine Basler

mit denen wir tagaus, tagein gearbeitet und gelebt hatten, stimmte uns ein wenig wehmütig. Zugleich blickten wir euphorisch dem Winter entgegen. Diesen Tag hatten wir lange herbeigesehnt, von nun an gehörte die Amundsen-Scott-Südpolstation uns! Unsere Crew war auf 28 Winterover geschrumpft, denn mehr Betten gab es im Dome nicht. Aber ein merkwürdiges Gefühl war es schon, zu wissen, dass das nun das letzte Flugzeug für die nächsten achteinhalb Monate gewesen sein sollte. Der Pilot setzte im Tiefflug zu einer letzten Schleife über der Station an. Dazu ertönte aus unseren Funkgeräten, mit denen wir über die Kommunikationszentrale mit dem Cockpit verbunden waren, *Riders on the storm*. Dann drehte die Hercules endgültig ab.

Eine ungewohnte Stille machte sich draußen breit, die Station wirkte verlassen. Wir waren nun von der Außenwelt abgeschnitten und völlig auf uns gestellt. Einer langen Südpol-Tradition folgend schauten wir am Abend ein Triple-Feature: den Kubrick-Thriller *Shining* und die alte und die neue Version von *The Thing* – einem Science-Fiction-Horrorfilm, der in der Antarktis spielt und uns auf die dunkle Zeit einstimmen sollte.

Der Old Pole

In der Realität gestaltete sich unser Winterleben weit weniger düster. Abenteuer gab es dennoch genug. In meinen ersten Jahren am Südpol war es ein weiteres Ritual, den »Old Pole« zu besuchen, sobald die Sommerbesatzung die Station verlassen hatte. Die erste Bleibe der Amundsen-Scott-Station aus dem Jahr 1957, die Mitte der 1970er Jahre vom Dome abgelöst worden war, war inzwischen mehr als baufällig und an einigen Stellen einsturzgefährdet. Deshalb war sie für uns eigentlich »off limits«. Es war allerdings ein offenes Geheimnis, dass wir zu Winterbeginn dort vorbeischauten.

Die Station 2006 kurz nach »Station-Closing«. Links noch der Dome und rechts

Für die erste Station hatte man Gräben ins Eis gezogen und schlichte Holzgebäude darin eingelassen. Dass sich mit der Zeit eine dicke Schneedecke darüberlegen würde, hatte man bewusst in Kauf genommen. Sie sollte die Station vor der Witterung schützen und bei gleichbleibender Temperatur isolieren. Gut zwei Meter unter der Oberfläche liegt die Temperatur im Eis konstant bei etwa -50 °C. Die Außentemperaturen liegen dagegen im Sommer etwas darüber, im Winter aber darunter.

Mittlerweile war der Old Pole vollständig unter der Schneedecke verschwunden. Nur eine kleine Erhebung verriet den Einstieg, über den man noch immer in die alte Station gelangen konnte. Wir entfernten die Abdeckung und kletterten eine Leiter den ein Meter engen Schacht hinunter, der mit Wellblech ausgekleidet und gegen den Schnee stabilisiert war. In drei Meter Tiefe erreichten wir den ursprünglichen Eingang. Wir zwängten uns durch ein Loch, hinter dem wir uns auf einem Schneehügel wiederfanden. Von dort führte eine teilweise schneebedeckte, unebene Holzstiege weitere sieben Meter hinab.

Es war mucksmäuschenstill. Nur der Schein unserer Taschenlampen erhellte das Dunkel. Die Atemluft schob sich als riesige Eiswolke vor uns her, als wir durch die verlassene Station mit ihren verzweigten Fluren streiften. Manche Gänge waren von der Last des Schnees eingedrückt, sodass wir uns bücken oder sogar kriechen mussten. Manche Türen waren verzogen und klemmten. Aus Sicherheitsgründen erkundeten wir die Katakomben gruppenweise und meldeten uns alle zwanzig Minuten über Funk bei unseren Kollegen in der Station, die dort als Stand-by zurückgeblieben waren.

die neue Station mit geografischem und zeremoniellem Südpol im Vordergrund.

Etliche Überreste kündeten von der Zeit, als die Station noch bewohnt gewesen war, und wir nahmen immer das ein oder andere als Souvenir mit. Im Kühlschrank in der Küche fanden sich sogar noch Pommes und Hummerschwänze, vor allem lagerten hier tief unter dem Schnee noch etliche Vorräte: Lebensmittel, Toilettenpapier, Fotochemikalien, Baumaterial und Treibstoff. In meinem ersten Sommer wurden 35 000 Liter Kerosin herausgepumpt. Das reichte genau für eine Bohrung bei AMANDA.

In meinen ersten Jahren besuchte ich den Old Pole recht oft. Dabei nahm ich eine Videokamera mit und fertigte anhand der Aufnahmen und aus dem Gedächtnis eine Karte der Räumlichkeiten an. Als ich ein paar Jahre später auf eine Originalkarte stieß, zeigte sich, dass meine Aufzeichnungen relativ gut mit dieser übereinstimmten.

Mit der Zeit wurde der Zugang immer beschwerlicher, das letzte Mal stieg ich 2006 hinunter. Einige der unterirdischen Gebäude waren inzwischen eingefallen, wodurch sich in der Umgebung des Old Pole Hohlräume unter dem Schnee gebildet hatten. Sich dort mit schweren Fahrzeugen zu bewegen, war also nicht ganz ungefährlich. Beim Ausbau von IceCube brach dann auch eine Raupe ein, und eine zweite, die zur Bergung kam, verschwand ebenfalls in einem Loch. Das ging gerade noch einmal glimpflich aus. Um weitere Unfälle zu verhindern, wurde der Old Pole schließlich im Sommer 2010/2011 gesprengt.

Die fertige Station 2011 mit dem Summer Camp und Lagerhalden hinter der Station

Neue Station

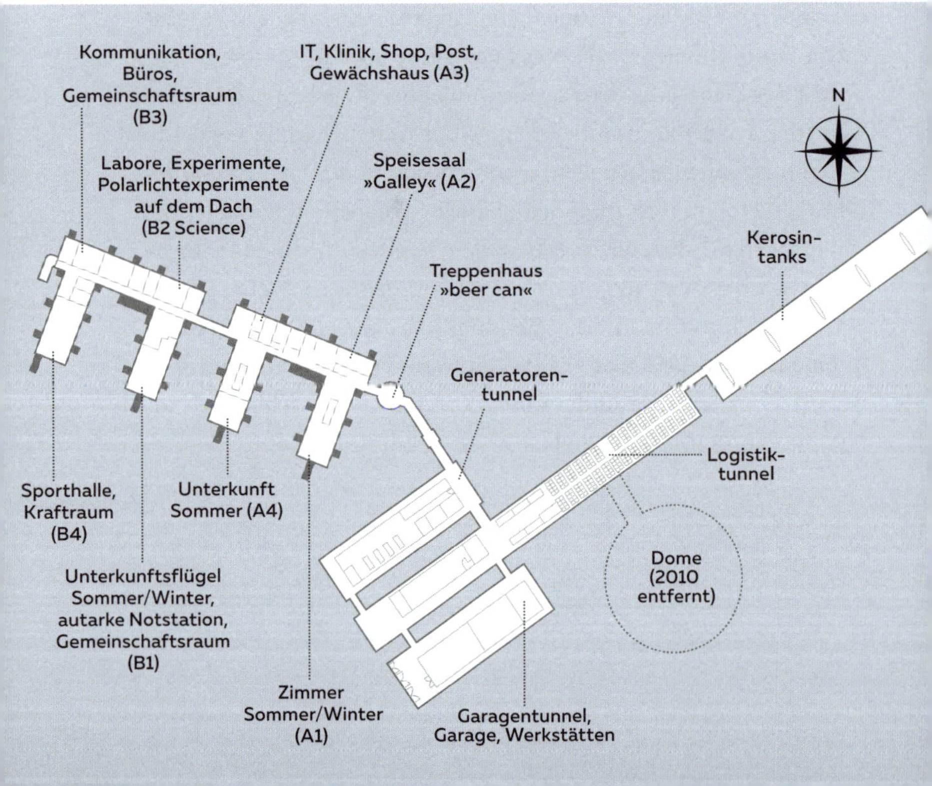

Die neue Station

Inzwischen war auch der seit 1975 bewohnte Dome in die Jahre gekommen. Außerdem wurde er für die sich ausweitenden Aktivitäten zu klein und versank nach und nach im Schnee.

So entstand die heutige Station. Sie ist völlig anders konstruiert als der Dome. Sie besteht aus acht Teiltrakten; vier davon reihen sich längs aneinander, vier weitere Flügel gehen senkrecht davon ab. Zudem ist sie auf Stelzen gebaut, damit der Wind unter den Gebäuden hindurchblasen kann und keine Schneeverwehungen entstehen. Einer der Quertrakte ist separat mit allen nötigen Versorgungseinrichtungen ausgestattet und durch eine zusätzliche Feuerwand geschützt. Im Fall eines größeren Brandes hätten wir uns dorthin zurückziehen können. Außerdem gab es nun richtige Fenster, durch die wir im Sommer Tageslicht abbekamen – das allerdings rund um die Uhr.

Im März 2003 siedelten wir teilweise vom Dome in den ersten, schon fertigen Teil der neuen Station über. Der Umzug hatte sich zuvor um einige Wochen verzögert, da ausgerechnet das Feueralarmpanel durch eine Unachtsamkeit des Elektrikers Feuer gefangen hatte. Und ohne funktionierendes Alarmsystem konnten wir natürlich nicht dort wohnen. Zum Glück gab es ein zweites, baugleiches Panel, das für den noch zu bauenden Teil der Station vorgesehen war. Der dafür zuständige Techniker, der es als Einziger hätte einbauen können, war allerdings schon ausgeflogen. Gerade noch rechtzeitig griff man ihn in McMurdo auf und setzte ihn in das nächste Flugzeug zurück zum Pol.

Die ersten Jahre in der neuen Station lebten wir auf einer Baustelle. Nur zwei der insgesamt acht Teiltrakte waren bewohnbar, zwei weitere befanden sich im Rohbau, in denen den Winter über Innenarbeiten ausgeführt wurden; die restlichen vier würden erst in den Folgejahren fertiggestellt werden. Der Staub der Rigipsplatten

Die Galley, das Herz der neuen Station, neben der Kantine der Hauptaufenthaltsraum

Der kleine Store, drei Stunden in der Woche geöffnet, am gefragtesten waren Alkohol und Zigaretten, es gab aber auch Südpolsouvenirs

Seit 2006 konnten wir die Turn halle der neuen Station nutzen genug Leute zum Volleyballspielen fanden sich immer

Einer der beiden Aufenthaltsräume

Musikraum mit vielen Instrumenten zur Auswahl

Ein großes Zimmer mit Fenste der neuen Station (6 m²)

Die Kommunikationszentrale

Gemeinschaftsbad in der neuen Station

Billardraum und Bücherei

Wenn die Heizung im Kühllager ausfällt …

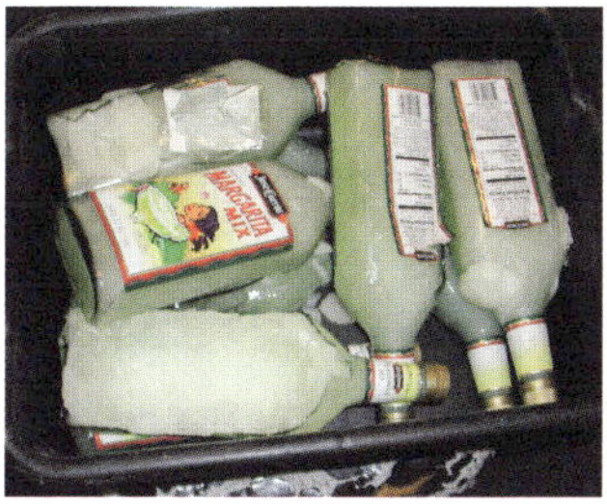

Frozen Margarita

Gefrorener Wein – war danach unbrauchbar

verteilte sich überall, und etliche Dinge funktionierten noch nicht so, wie sie sollten. Abgesehen davon hatten wir aber eine sicherere und komfortablere Bleibe als bisher.

Die neuen Zimmer für uns Winterover waren mit ihren sechs Quadratmetern sogar richtig geräumig, und die Temperatur ließ sich einigermaßen individuell regeln. Doch so manches Design und die ein oder andere Einrichtung gab Anlass für heiße Diskussionen. Die Wände der Gänge beispielsweise wollte man offensichtlich so farbenfroh wie möglich gestalten. Ob das abwechselnd mit rot-schwarzen, grün-schwarzen oder gelb-schwarzen großformatigen Kunststoffkacheln ausgelegte Muster wirklich gegen eine gedrückte Stimmung im Winter half? Ästhetisch war auf jeden Fall etwas anderes.

Auch gab es eine kommerzielle Eiswürfelmaschine, größer als ein riesiger Kühlschrank, mit eigenem Wasseranschluss, deren einzige Aufgabe es war, Eiswürfel zu produzieren – wohlgemerkt aus dem Wasser, das wir vorher mit viel Energie aus dem Eis gewonnen hatten. Als wir noch im Dome lebten, ging das viel einfacher: Dort stellten wir die mit Wasser befüllten Eiswürfelbehälter nur für eine Weile in die Kälte.

Bei einer Jahresdurchschnittstemperatur von -49,5 °C lässt sich gefrorenes Essen wunderbar auch im Freien aufbewahren; selbst im Sommer ist es dafür kalt genug. Allerdings ist es hilfreich, die Nahrungsmittel vor dem Verbrauch schon einmal auf die übliche

Tiefkühltemperatur von -18 °C aufzuwärmen. Deshalb hatten wir nun einen großen, begehbaren Tiefkühlschrank, der paradoxerweise mitten in der warmen Station, die uns vor der eisigen Kälte draußen schützte, stand und auch noch von einem Kompressor gekühlt wurde.

Für Nahrungsmittel, die sich nicht einfrieren ließen, gab es das Do-Not-Freeze-Gebäude (DNF), eine Art beheizten Kühlschrank. Dort lagerten vor allem unsere Getränke, alkoholische wie nicht alkoholische. Die Stationstechniker kontrollierten mehrmals täglich, ob sich die Temperatur knapp über dem Gefrierpunkt hielt. Gleich zu Beginn fiel dort einmal die Heizung aus, was gewissermaßen in einem Super-GAU endete: Ein Großteil des Wein-, Bier- und Softdrinkvorrats war hinüber und der Frozen-Margarita-Mix machte in zerplatzten Flaschen seinem Namen alle Ehre.

Auch das Abwasser sollte keinesfalls gefrieren, bis es zurück ins Eis gepumpt wurde. Bei den ersten Tests der neuen Station stellte sich heraus, dass viele Verbindungen der Abwasserleitungen noch undicht waren. Alle paar Meter ergoss sich ein gefrorener Wasserfall in den Eistunnel, durch den die Rohre verliefen.

Im Jahr 2008 war es endlich so weit: Die neue Station war komplett fertig und wurde offiziell eingeweiht. Sie verfügte nun über wesentlich mehr Zimmer, einen gut ausgestatteten Fitnessraum und sogar eine fast normal große Sporthalle, in der wir Volleyball oder Basketball spielen konnten.

Die Goldene Stunde

Die Polarnacht rückte mit großen Schritten heran. Am Südpol herrscht für sechs Monate ein einziger langer Polartag, gefolgt von einer einzigen ebenso langen Nacht. Während des Polartags wandert die Sonne innerhalb von 24 Stunden parallel zum

Die Zeit der langen Schatten

Schattenspiele

MAPO
»Spätnachmittag«
2013

Kurz vor Sonnenuntergang

Horizont ein Mal ringsum. Ihren Höchststand erreicht sie mit 23,5 Grad über dem Horizont zur Sommersonnenwende um den 21. Dezember (der Wintersonnenwende auf der Nordhalbkugel). Das entspricht der Neigung der Erdachse auf ihrer Bahn um die Sonne.

Noch stand die Sonne über dem Horizont, doch sie rückte ihm merklich entgegen. Es begann die Zeit der langen Schatten, wie ich sie nannte. Wie in unseren Breiten kurz vor dem allabendlichen Sonnenuntergang ziehen sich die Schatten am Südpol in den Wochen bevor die Sonne für ein halbes Jahr unter dem Horizont verschwindet, in die Länge. Wenn die Sonne in diesen Tagen den Horizont entlangrollte, trat jede noch so kleine Unebenheit im Schnee deutlich hervor. Das Licht wurde weicher und neue Farben mischten sich hinzu. Die Sonne selbst nahm ein immer dunkler werdendes Orange an. Bald konnten wir mit unseren Skibrillen direkt in die Sonne blicken. Für Fotografen brach die Goldene Stunde an. Die Polarnacht stand bevor. Ich konnte es kaum erwarten, bis es dunkel wurde. Ich freute mich auf den Sternenhimmel und vor allem auf die Polarlichter!

Neben den letzten Außenarbeiten an den Experimenten galt es nun, die gesamte Station winterfest zu machen. Sämtliche Gegenstände, die im Sommer außerhalb von Gebäuden lagen – sei es, weil man sie aus pragmatischen Gründen draußen lagerte, um sie

direkt greifbar zu haben, sei es, weil jemand aus Unachtsamkeit etwas liegen gelassen hatte – mussten weggeräumt werden. Die Winterstürme würden sie sonst rasch unter einer Schneedecke begraben.

Außerdem markierten wir vor Einbruch der Dunkelheit die Wege von der Station zu den Außengebäuden und wissenschaftlichen Experimenten mit zwei Meter hohen Bambusstangen, an denen farbige Fähnchen hingen. Diese Flaglines konnten einem das Überleben sichern, wenn man bei widrigen Sichtbedingungen unterwegs war.

Flagline

Aufstellen der Flaggen für die Flagline zum Dark Sector

Polaroutfit

Wird man gefragt, wie es denn im Winter am Pol ist, ist die lapidare Antwort: »kalt und dunkel«. Die Antarktis ist der kälteste, höchste, trockenste und windigste Kontinent. Am Südpol liegt die Jahresdurchschnittstemperatur bei -49,5 °C. Im Januar, dem wärmsten Monat, erreicht die mittlere Temperatur -28 °C. Die kältesten Monate sind Juli und August mit einer Durchschnittstemperatur von knapp unter -63 °C.

Während des Sommers folgt die Temperatur einer Glockenkurve. Sie klettert von -50 °C den durchschnittlichen hochsommerlichen -25 °C um die Sommersonnenwende entgegen, danach fallen die Temperaturen und erreichen bereits Mitte Februar wieder die -50 °C. Der »Hitzerekord« wurde am 25. Dezember 2011 mit -12,3 °C gemessen, der Kälterekord am 23. Juni 1982 mit -82,8 °C. Meinen persönlichen Rekord erlebte ich in meinem ersten Winter mit -80,4 °C. Zuvor hatten wir uns bei den Meteorologen im Met Office getroffen und das Thermometer »angefeuert«, doch endlich die magische -80 °C-Marke zu knacken.

Was zieht man bei solchen Temperaturen an? Unsere Extreme-Cold-Weather-Ausrüstung bekamen wir schon in Christchurch ausgehändigt. Für den Winter gab es eine zweite Ausführung – eine davon deponierten wir immer in einem Notcontainer für den Fall, dass ein Feuer ausbrach.

In der Station selbst trugen wir gewöhnliche Kleidung: lange Hose, T-Shirt, Sweatshirt. Für draußen kam dann eine wattierte Carhartt-Arbeitshose darüber, die nicht dicker als ein Skihose war. Die Schuhe waren dafür etwas klobiger. Es gab verschiedene Modelle: Die Bunny Boots waren weiße Gummistiefel mit einer Luftkammer zwischen Innen- und Außenhülle; sie waren eher für Regionen gedacht, wo der Schnee auch mal antaut und matschig wird. Ich persönlich bevorzugte die sogenannten FDX-Stiefel, die man mit Fellfüßlingen trug; der untere Teil war aus Leder, der obere aus Nylon, und sie hatten, wie Bergschuhe, eine Vibram-Sohle. Da man aber kein richtiges Fußbett hatte, bekam ich über die Jahre Probleme damit und wechselte auf ein anderes Modell, das ich mir selbst besorgte. Nach meinem ersten Winter stellte ich daheim erstaunt fest, dass mir meine Schuhe nicht mehr richtig passten. Ich war so lange in keine engeren Schuhe gestiegen, dass meine Füße eine Nummer größer geworden waren.

Hals und Gesicht schützten wir mit einer Art Schal und einer Balaclava. Von den Balaclavas hatte ich verschiedene Ausführungen, eine dünne aus Fleece für den Sommer und zwei mit Windstopper für den Winter. Mein Gesicht war damit immer vollständig bedeckt. Dabei fand die feuchte Luft beim Ausatmen immer einen Weg auf meine Brille und die Innenseite der Skibrille, die nicht nur beschlugen, sondern sofort zufroren.

Jeder entwickelte seine eigene Methode, damit umzugehen, aber ganz vermeiden ließ es sich nie. In den Gesichtsmasken unserer Atemschutzgeräte befand sich eine Art Gummidreieck, das Nase und Mund umschließt und das Beschlagen des Visiers verhindert. Aus dem Fundus der Ersatzteile besorgte ich mir eines, kappte eine kleine Plastikflasche und benutzte den oberen Teil quasi als Schnorchel. An Ort und Stelle gehalten wurde das Ganze von der Balaclava. So konnte ich die Luft auf direktem Wege ein- und ausatmen. Das funktionierte hervorragend, solange man eine gewisse Atemdisziplin beibehielt. Doch sobald die Lippen den Minischnorchel nicht mehr dicht genug umschlossen, etwa beim Sprechen, oder man über einen längeren Zeitraum eine anstrengende Arbeit wie Schneeschaufeln ausführte, war die klare Sicht sofort dahin.

Dann folgten die dicke Daunenjacke und eine zweite Mütze, die den Kopf zusätzlich warm hielt. Neben Kopf und Gesicht waren die Hände die größte Schwachstelle. Ich trug drei Paar Handschuhe: Ein dünnes Paar Fingerhandschuhe, mit dem ich auch gut arbeiten konnte, darüber Wollfäustlinge und schließlich

SOUTH
POLE
SOUTH POLE STATION

SOUTH
POLE

SOUTH
POLE

SOUTH
POLE

SOUTH
POLE

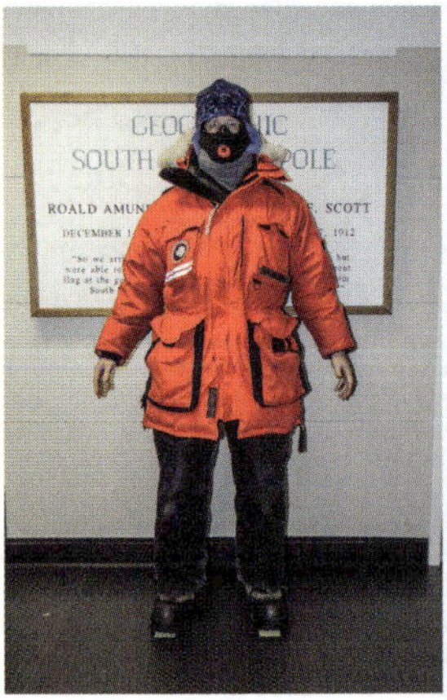

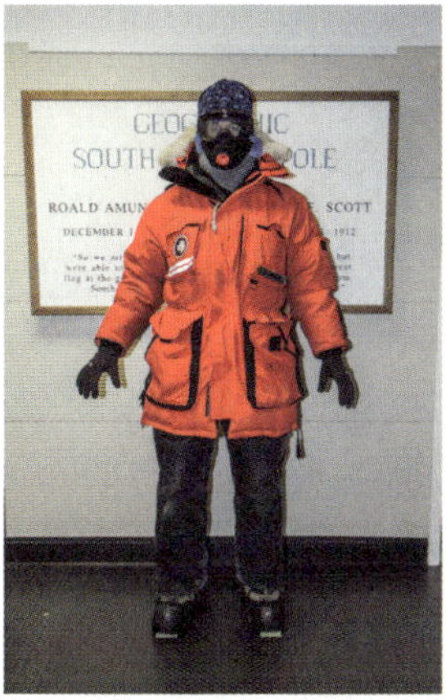

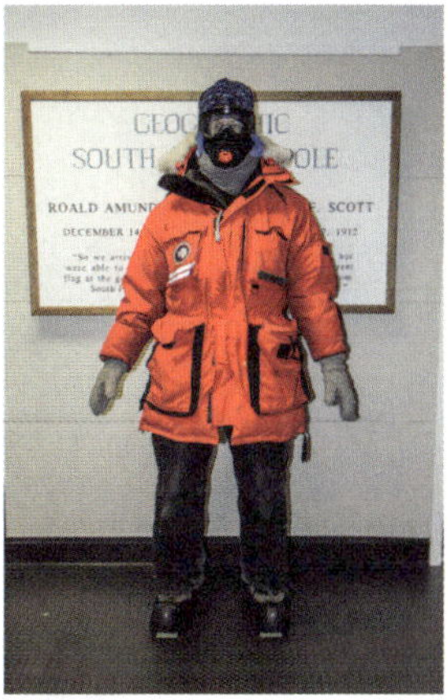

In voller Montur

Der Atem schlägt sich als Eis an der Maske nieder

die ganz dicken Fellhandschuhe, die ich mir mit einer Schnur um den Hals hängte. So konnte ich sie jederzeit ausziehen, wenn es etwas zu erledigen gab, und danach meine Hände wieder schnell darin versenken, um sie aufzuwärmen. Wir benutzten auch kleine chemische Handwärmer, die sich mit Luftsauerstoff aktivieren ließen. Nachdem die Packung einmal aufgerissen war, blieben sie für einige Stunden warm. Eigentlich eine völlige Verschwendung, wenn man sie nur für 15 Minuten auf dem Weg zum MAPO brauchte, doch wenn ich sie anschließend sofort in einer kleinen Plastiktüte luftdicht verschloss, konnte ich sie fast eine Woche lang benutzen. Diese zusätzliche Wärmequelle war sehr hilfreich. Nach Sonnenuntergang kam zum Schluss noch die Skibrille mit einer klaren Scheibe dazu. Und war der Wind einmal wieder extrem unangenehm, half auch noch die Kapuze.

SPUD und ich im Groundshield kurz vor Sonnenuntergang

Mikrowellen aus dem All

Nach meinen Arbeiten für AMANDA wechselte ich zur Mikrowellenastronomie. IceCube, das Nachfolgeexperiment von AMANDA, war mir zu groß. Zu viele Leute und Institute arbeiteten daran, und das riesige Budget verlangte eine neue Managementstruktur, die weder etwas mit Physik noch mit der Antarktis zu tun hatte. So blieb ich lieber bei den kleineren Experimenten. Seit der Saison 2004/2005 arbeitete ich für drei Jahre an einem neuen Teleskop namens QUaD, das die Mikrowellenstrahlung aus der Frühzeit des Universums untersuchen sollte. Es war der Wegbereiter für das noch modernere und leistungsfähigere SPUD/Keck-Teleskop, das ich dann von 2010 bis 2019 betreute. Das Hochplateau der Antarktis, auf dem der Südpol liegt, ist, mit Ausnahme mancher Höhenlagen der chilenischen Atacama-Wüste, der einzige Standort auf der Erde, an dem sich diese Strahlung vom Boden aus sinnvoll beobachten lässt. Denn genau jene Eigenschaft der Mikrowellenstrahlung, die beim Aufwärmen von Mittagessen sehr nützlich ist, wird Astronomen zum Verhängnis. Diese Art der elektromagnetischen Strahlung hat genau die passende Wellenlänge, auf die die Wassermoleküle ansprechen. In der Küche ist das praktisch, denn die vom Wasser aufgenommene elektromagnetische Energie wird in Wärme umgewandelt. Aber auch die irdische Atmosphäre enthält Wasser in Form von Dunst, und sogar ziemlich viel davon. Dieser Wasserdampf absorbiert den Großteil jener Mikrowellenstrahlung, die uns aus dem All erreicht. Nur am Südpol ist die Luft so kalt und dünn, dass sie praktisch kein Wasser enthält und die kosmische Mikrowellenstrahlung die Atmosphäre nahezu vollständig durchdringen kann.

Das SPUD/Keck-Teleskop wurde, wie zuvor schon das QUaD-Teleskop, auf der Montierung im MAPO errichtet. QUaD nutzte als Empfänger für die Mikrowellenstrahlung noch die klassischen Hornantennen, bei SPUD/Keck kamen nun Halbleiterchips zum Einsatz, auf denen hunderte Miniantennen aufgeätzt waren. Eine technologische Revolution! Diese neuartigen Detektoren boten eine wesentlich höhere Auflösung für die Positionsbestimmung und waren zudem viel empfindlicher. Anfangs verfügte SPUD/Keck über drei Detektoren, später kamen zwei weitere hinzu, die bei unterschiedlichen Wellenlängen messen. Diese fünf Detektoren sind kreisförmig wie Blütenblätter angeordnet.

Das Groundshield, eine riesige Schüssel, die innen mit Aluminiumplatten ausgekleidet war, schirmte das Teleskop gegen Störeinflüsse vom Boden und der Umgebung ab. Zwar reflektierte das Aluminium den Himmel, doch im Mikrowellenbereich strahlt dieser immer noch wesentlich schwächer als die irdische Umgebung.

Im Sommer waren die atmosphärischen Bedingungen für Beobachtungen nicht ideal, auch störte zu viel Funkverkehr die Messungen, sodass man die Zeit für Wartungsarbeiten und Upgrades an den Teleskopen nutzte. Anschließend musste das Teleskop jedes Mal wieder für die Beobachtungen im Winter vorbereitet werden. Vor allem mussten wir die Detektoren stets neu kalibrieren, also

Bevor das neue Teleskop 2010/11 installiert werden konnte, war viel Arbeit nötig

Installation der ersten Detektoren

Das Teleskop von oben gesehen, noch ohne Abdeckung

Die fünf SPUD-Detektoren mit den Streulichtblenden

Das SPUD-Team im Sommer 2010/11

Arbeiten an einem Detektor

Kalibrationsquelle auf einem Mast für das Schwesterexperiment (BICEP 3) auf MAPO, der BAM beobachtet eine entsprechende Quelle auf einem Mast auf DSL. MAPO »versinkt« langsam im Schnee

Die »Housekeeping«-Einheit, verantwortlich für die Temperaturkontrolle und alle Betriebsfunktionen des Detektors

Kein Platz mehr zwischen den fünf Detektoren

Der BAM wird montiert

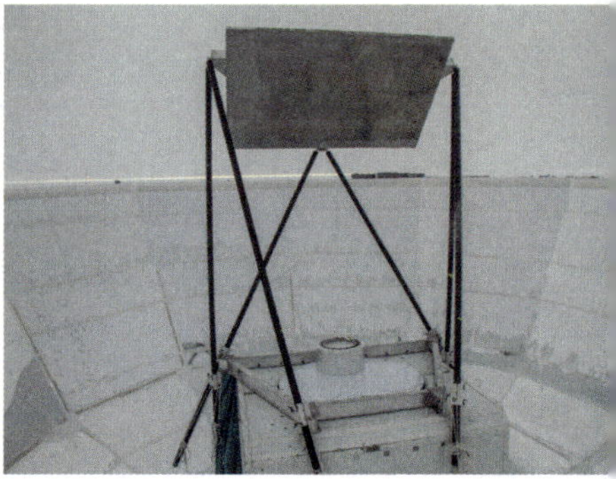

BAM in Kalibrationsstellung

überprüfen, wie gut die einzelnen Antennenpaare in den Detektoren auf die Mikrowellenstrahlung ansprachen. Es gab immer auch die ein oder andere Miniantenne, die aus irgendwelchen Gründen nicht reagierte. Das zu wissen war für die spätere Datenauswertung wichtig.

Für die Kalibrierung brachten wir eine Testquelle am Nachbargebäude an, doch der Groundshield versperrte den direkten Blick darauf. Deshalb ersann man eine Art Periskop, mit dessen Hilfe man über den Groundshield spähen konnte. Dafür musste extra ein riesiger Spiegel oberhalb des Teleskops angebracht werden.

Der Spiegel war sperrig und mit seinen über hundert Kilogramm auch ziemlich schwer. Ich betitelte ihn daher schnell mit BAM – für »Big Ass Mirror« –, eine Abkürzung, die später auch im offiziellen Schriftverkehr übernommen wurde. Zu viert konnten wir ihn gerade so zwischen dem Groundshield und den Empfängern hindurch auf ein eigens dafür angefertigtes Gerüst bugsieren. Insgesamt waren für die ganze Aktion sechs Mann notwendig, doch trotz der widrigen Umstände fehlte es nie an Freiwilligen.

Der BAM wurde von einem Konstrukt aus Kohlefaserrohren getragen, die über ein umständliches Flaschenzugsystem auf die endgültige Höhe gewuchtet werden mussten. Ich war jedes Mal heilfroh, wenn der Spiegel schon montiert war, wenn ich in den

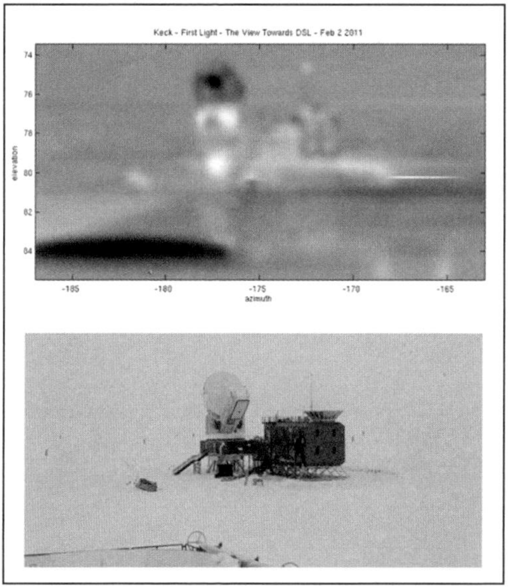

»First Light« von SPUD: DSL oben im Mikrowellenlicht, dunkle Bereiche spiegeln den Himmel wider und sind kalt, warme Bereiche erscheinen hell

letzten Jahren zum Ende des Sommers zum Pol zurückkehrte. Der Abbau dagegen blieb mir nie erspart. Bei den eisigen Temperaturen um den Sonnenuntergang herum war das umso mühseliger und nahm fast einen ganzen Tag in Anspruch.

War der BAM endlich wieder abgebaut, stand uns eine noch unangenehmere Aufgabe bevor: Vor den fünf Detektoren mussten wir Streulichtblenden montieren. Um Schneebelag zu verhindern, waren die Blenden isoliert und beheizt. Als sie produziert worden waren, hatte man die Blenden allerdings ohne die Isolierung an die Detektoröffnungen angepasst. Mit der Isolierung waren sie nun zu dick und standen in der Teleskopanordnung viel zu eng beieinander, sodass die Schrauben nicht mehr in die dafür vorgesehenen Bohrungen passten. Nur mit äußerster Kraftanstrengung gelang es dem Werkzeugmechaniker und mir, diese anzubringen. Mit den Jahren entwickelten wir eine Methode, wie wir unter großen Zeltplanen eine zumindest einigermaßen angenehme Arbeitsatmosphäre schaffen konnten, bei der uns nicht immer wieder die Finger einfroren.

Mein letzter Sonnenuntergang am Pol

Sonnenuntergang über dem zeremoniellen Südpol

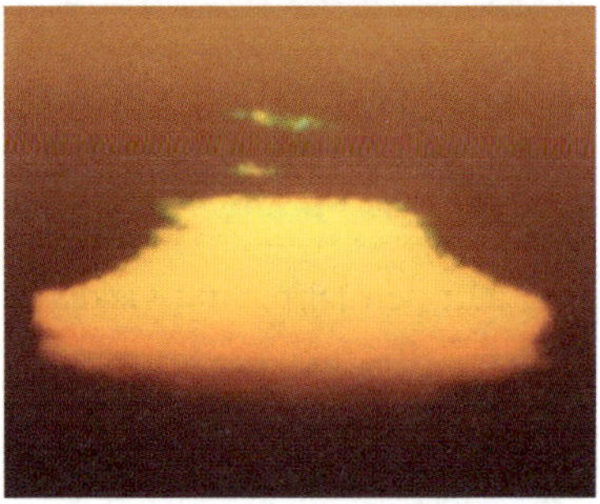

Die Sonne wirkt zerfranst, die obersten Schichten erscheinen grün, manchmal sogar bläulich

Der letzte Blick auf die Sonne

Sunset-Dinner 2017

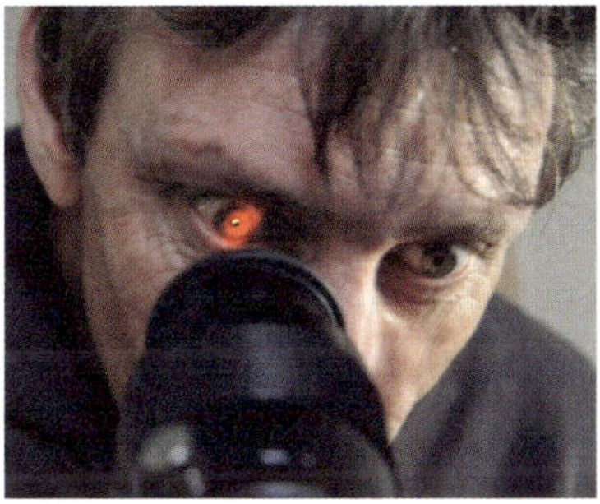

Jetzt kann die tief stehende Sonne gefahrlos mit einem Fernrohr beobachtet werden

Sonnenuntergang

Während der 21. März für die Menschen auf der Nordhalbkugel den Frühlingsanfang und für die Bewohner der Südhalbkugel den Herbstbeginn markiert, verschwindet die Sonne am Südpol um diesen Tag herum für ein halbes Jahr unter dem Horizont. Da ist es nur allzu verständlich, dass wir den Abschied von unserem Tagesgestirn geradezu rituell begingen.

Der Speisesaal, der sonst eher spartanisch anmutete, wurde für das traditionelle Sunset-Dinner festlich hergerichtet, und die Köche legten sich – wie an Weihnachten und Neujahr – mächtig ins Zeug. Wir drängten uns alle an die Fenster, um einen letzten Blick zu erhaschen und der Sonne für die nächsten sechs Monate Lebewohl zu sagen.

Gänzlich verschwindet die Sonne allerdings erst ein paar Tage nach dem Datum der Tagundnachtgleiche. Selbst wenn sie rein physikalisch betrachtet bereits untergegangen ist, ist sie meist noch für eine Weile zu sehen, da die Atmosphäre ihr Licht bricht und so umlenkt, dass ihr Abbild über dem Horizont erscheint.

Wie lange die Sonne sich in diesen Tagen noch über dem Horizont blicken lässt, ist von Jahr zu Jahr unterschiedlich und hängt von den Witterungsbedingungen ab. Durch die besonderen atmosphärischen Eigenschaften der kalten Luft über dem antarktischen Plateau und der starken Inversionslage im Winter wird ihr Abbild zerfranst. Nach ihrem eigentlichen Untergang scheinen sich die oberen Schichten von der Sonne abzulösen und werden extrem grün oder sogar blau. Das liegt daran, dass das Sonnenlicht auf dem Weg durch die Atmosphäre je nach Farbe unterschiedlich stark gebrochen und abgelenkt wird; die letzten über den Horizont linsenden Strahlen fächern sich quasi wie bei einem Regenbogen auf. Je kurzwelliger sie sind, desto stärker werden sie umgelenkt. Bei Sonnenuntergängen am Meer erscheint dieses Phänomen nur für den Bruchteil einer

Sekunde als grüner Blitz, hier am Südpol dagegen kann man es bei guten Bedingungen stundenlang beobachten.

Der Mond am Pol

In der Zeit kurz nach Sonnenuntergang gibt sich auch der Gegenspieler der Sonne am Himmel besonders fotogen. Durch die spezielle geografische Lage des Pols verläuft der Rhythmus mancher Himmelsphänomene völlig anders, als wir es von anderen Breiten gewohnt sind. So steht der Mond hier abwechselnd zwei Wochen über und zwei Wochen unter dem Horizont.

Während des Polartags zeigt sich der Vollmond nie am Himmel. Er steht zu dieser Phase der Sonne genau gegenüber und damit unter dem Horizont. Jetzt aber ist der aufgehende Mond voll und erscheint dezent beleuchtet. Im Laufe einer Woche erreicht er nun seinen höchsten Stand als halber Mond und geht nach einer weiteren Woche als Neumond wieder unter. Das brachte mich im Winter 2015 auf die Idee, ein einzigartiges Zeitraffervideo von den sich ändernden Mondphasen aufzunehmen, wie es nur an den Polen möglich ist.

Damit die Mondphasen auf den Bildern gut erkennbar waren und der Mond nicht nur als heller Fleck erschien, musste ich kurz

Der Mond wirkt durch die starke Brechung alles andere als rund …

… aber das ist nichts, was sich nicht vor Ort beheben lässt

genug belichten. Sollte auch von der Landschaft und dem Rest des Himmels noch etwas zu erkennen sein, war ich also auf noch ausreichend Helligkeit in der Dämmerung angewiesen. Das schränkte mein Vorhaben schon einmal auf die Zeit kurz nach Sonnenuntergang oder kurz vor Sonnenaufgang ein. Erfahrungsgemäß war das Wetter um den Sonnenaufgang herum nicht beständig genug, mir blieb also pro Jahr nur eine Möglichkeit.

Kameras bei Temperaturen von -70 °C für zwei Wochen zu betreiben, bedeutete jede Menge Bastelarbeit. Auch brauchte ich eine Nachführung, die mit der gegenüber dem Sternenhimmel abweichenden Geschwindigkeit des Mondes mithielt. Nach vielen Jahren der Polarlichtfotografie konnte ich auf einige Erfahrungen zurückgreifen, so hatten sich dabei etwa meine eigens dafür entwickelten beheizten Kameraboxen sehr bewährt. Allerdings brauchte ich diesmal Strom für einen längeren Zeitraum, den selbst externe Akkus nicht hätten abdecken können, denn einmal aufgestellt, musste die Kamera autark über zwei Wochen laufen. Um dieses Problem zu lösen, konstruierte ich Gleichstromquellen und Batterieadapter.

Eine ausgediente Montierung eines Amateurteleskops, die ich schon zur Nachführung für andere Himmelsaufnahmen benutzte, hatte ich bereits mit speziellem Tieftemperaturschmierfett und elektrischen Heizpads für den antarktischen Außenbetrieb umgerüstet.

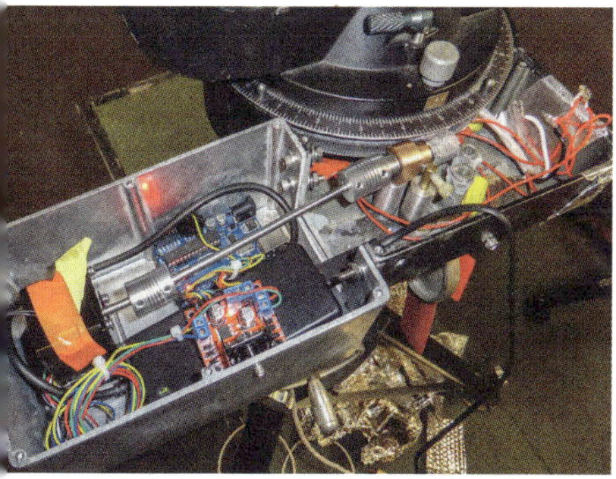

Nachführung für die Mondaufnahmen, Schrittmotor mit Arduino und viel Heizleistung, um die Montierung bei den Temperaturen am Laufen zu halten

Beheizte Kamerabox mit selbstgebauter Stromversorgung

Kamerabox mit externem Display, um diese auszurichten

Während der Mond-Timelapse. Stromkabel läuft zum MAPO

Die Montierung besaß jedoch nur einen Motor, der die Erdrotation ausglich, sich also in 23 Stunden und 56 Minuten einmal um 360 Grad drehte. Nach dieser Zeitspanne steht ein bestimmter Stern wieder an derselben Himmelsposition wie tags zuvor. Während sich die Erde einmal um sich selbst dreht, zieht sie auf ihrer Bahn um die Sonne ein Stück weiter. Damit die Sonne wieder an derselben Himmelsposition zu sehen ist, muss sich die Erde noch ein klein wenig weiter drehen, was im Durchschnitt vier Minuten dauert. So kommt der 24-Stunden-Rhythmus zustande.

Der Mond verschiebt sich aber zum Sternenhintergrund um etwa einen Monddurchmesser pro Stunde; innerhalb von 24 Stunden macht das etwa 13 Grad aus. Damit sie dem Mond folgen konnte, musste die Nachführung also eine komplette Umdrehung in knapp 25 Stunden ausführen.

Um die Nachführung auf die neuen Gegebenheiten optimal anzupassen, experimentierte ich mit selbstgebastelten Getrieben und einem Schrittmotor, den ich über einen eigens dafür programmierten Mikrokontroller ansteuerte. Für die Stromversorgung von Elektronik und Heizung verlegte ich vom MAPO aus ein langes Teflonkabel. Mit der täglichen Drehung der Kamera wickelte es sich allerdings um die Montierung, und so musste ich immer wieder hinaus, um es zu entwirren. Dabei sah ich auch gleich nach, ob noch alles funktionierte und kein Schnee auf der Linse war. Nachdem all diese technischen Hürden gemeistert waren, musste nur noch das Wetter mitspielen. 2016 und in den drei Folgejahren kamen dabei einzigartige Videos zustande, auch wenn keines davon perfekt war.

Die ersten Sterne

Die Dämmerung tauchte die Schneedecke in seidenes Blau. Dort, wo die Sonne hinter dem Horizont verschwunden war, tränkte sie die Atmosphäre noch in ein orangerotes Leuchten, das in ein klares Hellblau überging, je höher man den Blick schweifen ließ. Gegenüber war der Himmel von gedämpftem Violett durchzogen. Direkt über dem Horizont zeichnete sich dort ein Schattenstreif ab, der über die Tage dicker wurde, bevor er in der dunkler werdenden Dämmerung allmählich wieder verschwand. Es ist der Schatten, den die Erde, beschienen von der unter dem Horizont stehenden Sonne, in die Atmosphäre wirft. Phänomene, die wir auch aus mitteleuropäischen Breiten kennen, doch sind sie dort viel flüchtiger. Schon eine Stunde nach Sonnenuntergang ist es dort richtig dunkel.

Hier am Südpol hingegen schreitet die Dämmerung Woche um Woche voran. Die Zeit scheint auf magische Weise gedehnt, die Welt märchenhaft verzaubert. Ich genoss das sich täglich ändernde Farbenspiel zwischen Himmel und Schneelandschaft und fing immer wieder neue Lichtstimmungen mit der Kamera ein.

Ich freute mich auf die lange, dunkle Polarnacht. Bei den einzigartigen Bedingungen würde ich meiner Leidenschaft, der Astronomie, ausgiebig nachgehen können. Vor allem konnte ich es kaum erwarten, bis die ersten Polarlichter auftauchten. Jedes Jahr von neuem.

In der noch hellen Dämmerung zeigten sich gelegentlich schon Venus oder Jupiter, und als es langsam dunkler wurde, hielt ich Ausschau nach den ersten Sternen. Wir lieferten uns jedes Mal einen Wettbewerb, wer den ersten Stern am Übergang zur Polarnacht am Firmament entdeckte. Für die Astronomen unter uns war das relativ einfach. Wenn man den Lauf der Gestirne und Planeten ein wenig kennt, wird man leicht fündig. Und da ich außerdem viel draußen war, wusste ich, wo ich nach den hellsten Sternen suchen musste.

Der Erdschatten hinter MAPO

Schattenstreifen am Horizont

Den anderen Winterovern, die in Astronomie nicht ganz so bewandert, aber durchaus interessiert waren, bot ich regelmäßig zu Beginn der Wintersaison einen Kurs dazu an. Wir veranschaulichten zum Beispiel die Dimensionen des Sonnensystems und unserer kosmischen Nachbarschaft maßstabgetreu auf der Station. Dabei war die Sonne so groß wie ein Handball, und in dem rund 150 Meter langen Haupttrakt der neuen Station hatten nur die Planeten bis Uranus Platz, Neptun lag schon weit abseits im Schnee. Der nächste Stern, Alpha Centauri, der 4,3 Lichtjahre von der Sonne entfernt ist, hätte sich in diesem Modell in Neuseeland befunden. Unter anderem gab es auch eine Einführung in den Südsternhimmel, mit dem viele nicht vertraut waren, da sie ansonsten auf der Nordhalbkugel lebten.

Am geografischen Südpol (ebenso wie am Nordpol) verschmelzen Tag und Nacht auf einzigartige Weise mit dem Wechsel von Sommer und Winter. Der Tag-Nacht-Rhythmus entsteht durch die Drehung der Erde um ihre eigene Achse, die Jahreszeiten durch den Lauf der Erde um die Sonne und die Neigung der Erdachse gegenüber ihrer Bahn um die Sonne. Die lange Polarnacht eignet sich wunderbar, den Lauf der Gestirne am Firmament über einen längeren Zeitraum hinweg ununterbrochen zu verfolgen. Es war auch eindrucksvoll zu erleben, wie hier am Pol außer Sonne, Mond und Planeten die Sterne weder auf- noch untergehen. Sie kreisen beständig in derselben Höhe um den Horizont.

Vor diesem ansonsten unveränderlichen Sternenhintergrund, dem Fixsternhimmel, ziehen die acht Planeten ihre Bahnen. Sie alle laufen in der gleichen Richtung um die Sonne, und noch dazu beinahe alle in einer Ebene. So finden sie sich stets entlang jener gedachten Bahn am Firmament ein, die auch den Jahreslauf der Sonne markiert, die Ekliptik. Doch sie sind dabei unterschiedlich schnell, die äußeren Planeten langsamer als die inneren, und so überholt regelmäßig ein innerer einen äußeren Planeten.

Während meiner Überwinterung 2016 überholte die Erde den Mars, ihren äußeren Nachbarplaneten, und auch den Saturn. Dabei zogen die beiden Planeten nicht wie üblich vor dem Fixsternhimmel stetig von Ost nach West, sondern kamen einer nach dem anderen zunächst zum Stillstand, bewegten sich dann vorübergehend in die entgegengesetzte Richtung, bis sie ein weiteres Mal innehielten und schließlich wieder ihrem gewohnten Lauf folgten. Während des Überholmanövers läuft die Erde zwischen Sonne und Mars beziehungsweise Saturn hindurch. Jene Konstellation, zu der Mars oder Saturn von der Erde aus gesehen der Sonne genau gegenüberstehen, bezeichnen Astronomen als Opposition; die während des Überholmanövers am Himmel sichtbare Schleifenbewegung nennen sie Oppositionsschleife.

Über einen Zeitraum von viereinhalb Monaten verfolgte ich den Himmelslauf von Mars und Saturn mit einer Kamera, die ich auf dem Dach des Observatoriums in einer beheizten Styroporbox installiert und so programmiert hatte, dass sie täglich vierzig Bilder von den Planeten machte. Das würde später einen beeindruckenden Zeitraffer ihrer Oppositionsschleife ergeben.

Wie groß der Aufwand war, diese Bilder zu bearbeiten, wurde mir allerdings erst bewusst, während ich die Zeitraffersequenz erstellte. Auf vielen Aufnahmen störte das Streulicht des Mondes oder der Schimmer der Polarlichter. Diese Störfaktoren musste ich erst einmal »ausradieren«, dabei aber Mars, Saturn und Bezugsterne übrig lassen. Das war die undankbarste Arbeit. Insgesamt habe ich sechzig Stunden gebraucht, um einen Film von fünfzehn Sekunden zu erstellen. Aber der Aufwand hat sich gelohnt.

Erste Polarlichter in der Abenddämmerung …

... auch immer mehr Sterne werden sichtbar

Noch ist die Dämmerung am Himmel zu sehen

Astronomieklasse …

… mit Einführung in den Südsternhimmel

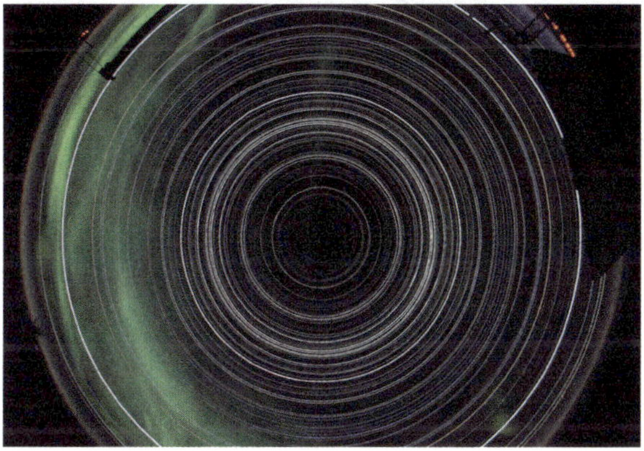

Kein einziger Stern geht auf oder unter, alle bewegen sich in konzentrischen Kreisen um den Zenit

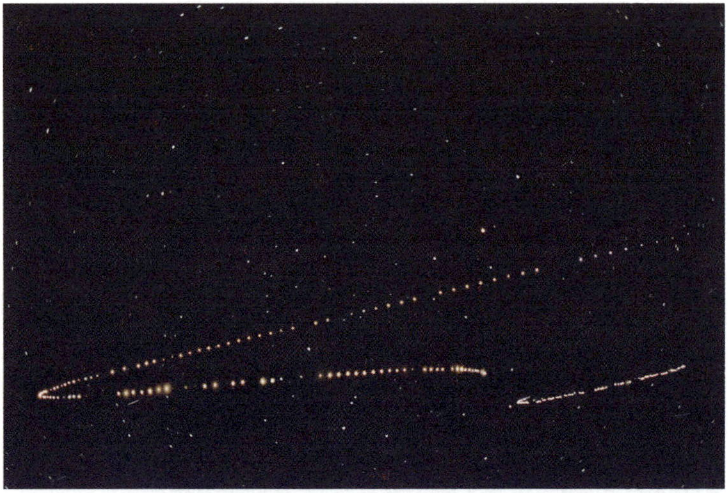

Planetenschleifen von Mars und Saturn über den Zeitraum von 4,5 Monaten

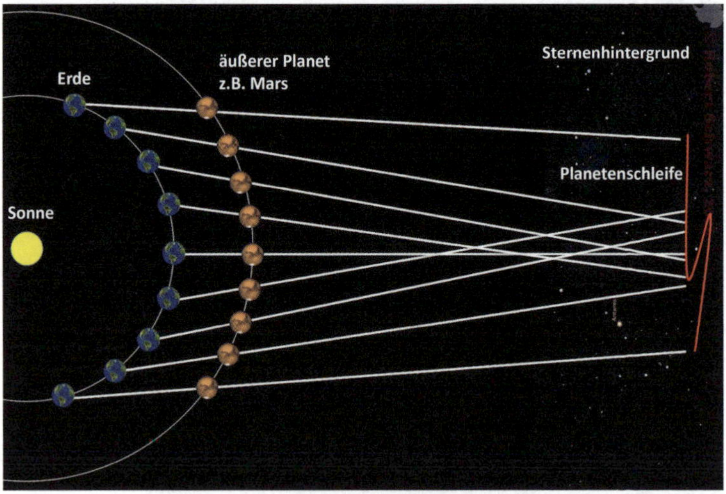

Wenn die Erde einen äußeren Planeten auf ihrer Bahn um die Sonne überholt, entstehen in Referenz zum Fixsternhimmel die Planetenschleifen

Zurück zum Urknall

Unterdessen gab es im MAPO immer viel zu tun. Wenn das Wetter ungünstig war und starke Winde mit sich brachte, kam es dort schnell zu Schneeverwehungen. Zwar war auch dieses Gebäude auf Stelzen gebaut, sodass der Wind den Schnee darunter hindurchblasen konnte, doch mit der Zeit war das Schneeniveau über das Erdgeschoss hinaus angestiegen. In den letzten Jahren hatte sich auf einer Seite sogar eine Wechte gebildet, die bis zum Dach aufragte. Nach jedem Sturm hieß es also erst mal: Schnee schaufeln und den Eingang wieder freilegen!

Mit unserem Mikrowellenteleskop blicken wir tief in die Vergangenheit des Universums, an den Rand des beobachtbaren Kosmos, beinahe bis zurück zu seinem Anfang. Dass das Universum vor 13,8 Milliarden Jahren mit dem Urknall begann – und damit Raum und Zeit, Energie und Materie überhaupt erst entstanden –, darin sind sich die Astrophysiker heute einig. Seitdem dehnt es sich unaufhörlich aus: Es expandiert. Anfangs geschah dies für einen kurzen Moment schlagartig, so vermuten die Forscher und bezeichnen diese Phase als Inflation – seither verläuft die Expansion gemächlicher. Unterdessen bildeten sich aus der heißen Ursuppe die Elementarteilchen, dann die ersten Elemente – Wasserstoff, Helium und ein wenig Lithium – und schließlich Sterne und Galaxien.

Die Ursuppe mit den Elementarteilchen war unglaublich heiß und dicht und anfangs sogar undurchdringlich für Licht. Doch während sich das Universum ausdehnte, kühlte es ab, bis es im Alter von 380 000 Jahren bei einer Temperatur von 3000 Kelvin durchsichtig wurde. Die Strahlung aus dieser Zeit durchdringt noch heute das gesamte Universum. Mit der Expansion des Raums hat auch ihre Wellenlänge zugenommen, sodass sie sich heute als kosmische Hintergrundstrahlung im Mikrowellenbereich bei einer Temperatur von 2,7 Kelvin beobachten lässt.

Was im Universum vor sich ging, als es jünger als 380 000 Jahre

Nach jedem Sturm muss der MAPO-Eingang frei geschaufelt werden

war, wissen wir nur aus Modellrechnungen. Weil uns aus dieser Epoche keine Strahlung erreicht, lassen sich diese Modelle nicht anhand von Beobachtungen überprüfen. Zumindest nicht direkt. So etwa auch nicht, ob sich das Universum tatsächlich einmal inflationsartig ausgedehnt hat. Doch bestimmte physikalische Prozesse wie etwa Gravitationswellen, die mit der Inflation, wenn sie denn stattfand, einhergegangen sein müssen, sollten die Strahlung, die uns aus der Zeit 380 000 Jahre nach dem Urknall erreicht, auf charakteristische Weise polarisiert haben. Nach einem solchen »Fingerabdruck« der Inflation im kosmischen Mikrowellenhintergrund suchen die Astronomen hier am Südpol.

Ich hatte also das Glück, diese spannenden Experimente mit aufzubauen und damit in die Frühzeit des Universums zu blicken. Dazu betreute ich zwei Teleskope über ihre gesamte Laufzeit, zuerst das QUaD-Teleskop von 2004 bis 2007, dann das SPUD/Keck-Teleskop von 2010 bis 2019. Gerade in den Anfangsjahren hatte jedes Experiment viele Kinderkrankheiten. Im Winter war ich als Einziger vor Ort für diese Teleskope zuständig. Meine Hauptaufgabe bestand darin, sie am Laufen zu halten und sicherzustellen, dass die Beobachtungsdaten per Satellit an die Universitäten in den USA übermittelt wurden.

Das SPUD/Keck-Teleskop sammelte rund um die Uhr Daten. Und selbst wenn ich nicht vor Ort im Dark Sector Schicht schob, hatte ich immer im Blick, ob es auch reibungslos funktionierte. Nachdem ich schon mehrere Winter am Südpol verbracht hatte, genoss ich das Privileg, auf der Station zwei Zimmer belegen zu dürfen. Sie lagen direkt nebeneinander; das eine nutzte ich als Schlafzimmer, das andere als Arbeitszimmer. Einer meiner Computer war mit einem der MAPO-Rechner verbunden, der laufend die Funktionsdaten des Teleskops aufzeichnete. So war ich immer im Bilde, wenn sich etwa die Temperatur änderte, einer der Kompressoren ausfiel oder mechanische Probleme auftraten und das Teleskop unrund lief oder ganz ins Stocken geriet.

Mein erster Blick nach dem Aufstehen und mein letzter Blick vor dem Schlafengehen galten diesem Computer, und auch wenn ich während meiner Freizeit las oder Fotos bearbeitete, hatte ich immer ein Auge darauf, was das Teleskop gerade machte und wie es ihm dabei erging. Bei größeren Abweichungen schlug das System Alarm, und ich bekam einen automatischen Anruf aus dem Teleskopgebäude. Wenn sich dann am anderen Ende der Leitung niemand meldete, wusste ich: Mein Teleskop braucht mich! Aber selbst auf das Alarmsystem war nicht immer Verlass, und so war die direkte Kontrolle sehr wichtig.

»Die Welle« droht das MAPO zu verschlingen

Grüße von der Sonne und Arbeiten im Kühlrhythmus des Teleskops

Der Weg zu meinem Arbeitsplatz führte mich entlang der Flagline zum Dark Sector. Sobald ich die Station verlassen hatte, übertönte der Wind das Brummen der Generatoren. Eine völlige Stille, wie man sie in der Antarktis abseits künstlicher Lärmquellen vermuten mag, stellte sich nie ein. Man hörte immer den Wind, das Knistern der gefrierenden Atemluft, die eigenen Schritte: Die harsche Schneedecke knarzte unter meinen Füßen. Wenn ich ein wenig abseits des üblichen Trampelpfads lief, vernahm ich mitunter einen lauten Knall, fast wie ein Peitschenhieb. Das waren Mikrorisse, die in dem betonharten Schnee unter Belastung entstanden.

Zunächst kaum merklich, doch dann mit zunehmender Gewissheit war die anfängliche Dämmerung im Laufe der Wochen in immer tieferes Blau versunken. Die hellen Planeten und ersten Sterne prangten bereits am Firmament. An manchen Tagen durchbrachen milchige Schleier die dunkle Dämmerung. Fast hätte man meinen können, es wären Wolken, beschienen von der unter dem Horizont stehenden Sonne. Doch es waren tatsächlich die ersten Polarlichter! Die Aurora australis am Polarhimmel tanzen zu sehen, war ein wesentlicher Grund für mich, wieder und wieder die monatelange Isolation und eisige Dunkelheit in Kauf zu nehmen.

Auch auf der Nordhalbkugel kann man dieses – dort Aurora borealis genannte – faszinierende Naturschauspiel erleben, noch dazu unter deutlich angenehmeren Bedingungen, etwa in Skandinavien, Alaska oder im Norden von Kanada, am besten zu Beginn oder zum Ende der Wintersaison. Doch dort sind die Witterungsverhältnisse viel unsicherer, und man ist auf den Tag-Nacht-Rhythmus angewiesen, um einen Ausbruch zum richtigen Zeitpunkt abzupassen.

Mit den Polarlichtern schickt die Sonne gewissermaßen ständig eine Botschaft zur Erde, auch dann, wenn wir das Tagesgestirn nicht direkt sehen können. Von ihr aus strömen permanent geladene Teilchen in den Weltraum, der sogenannte Sonnenwind. Er füllt das gesamte Planetensystem aus und trifft auch auf die Erde. Die geladenen Teilchen werden im Erdmagnetfeld in Richtung der Polregionen abgelenkt; dort treffen sie auf die irdische Lufthülle und bringen die Atome und Moleküle darin zum Leuchten, am häufigsten in den Farben Grün und Rot durch angeregten Sauerstoff, gelegentlich auch in Violett und Blau durch angeregten Stickstoff. Das beschert uns ein wunderbares Naturschauspiel zwischen Himmel und Erde.

Die Pole sind von Zonen umgeben, in denen permanent eine moderate Polarlichtaktivität herrscht. Auf der Nordhalbkugel überstreicht dieses Oval zum Beispiel Nordnorwegen, auf der Südhalbkugel läuft es teilweise quer über den antarktischen Kontinent. Hält man sich in den entsprechenden Breitengraden auf, erscheint das Polarlicht direkt über einem; je weiter nördlich oder südlich davon man sich befindet, desto näher am Horizont taucht die Aurora auf und erscheint eher als Band und weniger aktiv.

Auf meinem Weg zum Dark Sector blickte ich in Richtung des Polarlichtovals. Wenn es also in dieser Richtung etwas zu sehen gab, war das ein gutes Zeichen, dass es in ein paar Stunden eine gute Show geben könnte. Kennt man die farbenprächtigen Aufnahmen von Polarlichtern, macht sich bei aller Vorfreude dennoch erst einmal Ernüchterung breit: In der Dunkelheit vermag das menschliche Auge zwar Helligkeitsstufen recht gut wahrzunehmen, Farben hingegen nicht. Nicht von ungefähr sind nachts alle Katzen grau. Ebenso verhält es sich auch mit Polarlichtern. Wenn sie nicht besonders intensiv leuchten, erscheinen sie als ein milchiger Schimmer – manchmal eher starr, manchmal wie ein leicht wehender Vorhang am Himmel. Die Farben werden für das Auge erst bei besonders starken Ausbrüchen sichtbar.

Im Labor angekommen, begrüßte mich das Rauschen der Lüftungen, das Surren der Kompressoren und das getaktete Schnauben –

Der Kompressorraum unterhalb des Teleskops; in der Mitte befindet sich die Elektronik für die Teleskopsteuerung, dahinter die Computer für die einzelnen Detektoren

»pfff-tsch-pfff-tsch« – des Heliumgases für die Tieftemperaturkühlung. Inzwischen war mir der Rhythmus so vertraut, dass ich schon frühzeitig hörte, wenn etwas nicht stimmte.

Damit die Teleskope die kosmische Hintergrundstrahlung genau messen und die Strukturen darin untersuchen können, müssen sie fast auf den absoluten Nullpunkt heruntergekühlt werden. Das Signal der Strahlung ist so schwach, dass das Rauschen der Detektoren sonst überwiegen würde. Außerdem basieren die modernen Detektoren auf Supraleitung und erreichen erst bei diesen Temperaturen die notwendige Empfindlichkeit. Einfach ausgedrückt, war das Teleskop ein Widerstandsmessgerät, isoliert in einer großen Thermoskanne.

Für das QUaD-Experiment war das Kühlen noch sehr aufwendig. Im ersten Schritt wurde der Detektor durch Verdampfen von flüssigem Stickstoff und Helium auf etwa 3,2 Kelvin heruntergekühlt. Davon mussten täglich je 22 Liter in das Kühlsystem nachgefüllt werden. Das flüssige Helium wurde im Sommer eingeflogen, den

Auf der Plattform unterhalb des Teleskops; von hier aus war die Telekskopschiene gut zugänglich

Die Kommandozentrale im MAPO, hier liefen alle Teleskopdaten zusammen

Der Zugang zum Teleskop durch die Kabeltrommel, durch die alle Heliumschläuche, Kabel und Fasern laufen mussten

flüssigen Stickstoff gewannen wir vor Ort aus der Luft. Der zweite Schritt auf 250 Millikelvin erfolgte in einem dreistufigen, geschlossenen Helium-System, für den die Beobachtungen regelmäßig für ein paar Stunden unterbrochen werden mussten.

Beim moderneren SPUD/Keck-Teleskop lief der erste Kühlschritt kontinuierlich über einen geschlossenen Kreislauf aus Kompressoren und Pulsröhrenkühlern mit Heliumgas. Dieses System war praktischer zu bedienen, verbrauchte mit einer Leistung von fünfzig Kilowatt aber enorm viel Strom. Dafür benötigten wir kein flüssiges Helium und keinen flüssigen Stickstoff mehr. Der zweite Schritt glich jenem bei QUaD. Binnen sechs Stunden erreichte der Detektor die notwendige Beobachtungstemperatur, anschließend konnten wir 42 Stunden Daten sammeln, bevor erneut gekühlt werden musste.

Um die kosmische Hintergrundstrahlung möglichst störungsfrei einzufangen, richteten wir das Teleskop auf eine eigentlich langweilige Stelle am Himmel, an der es auf den ersten Blick nichts zu sehen gab. Um diese Himmelsgegend dauerhaft im Visier zu behalten, musste das Teleskop gegen die Erdrotation arbeiten und sich im Verlauf eines Tages, genaugenommen in 23 Stunden und 56 Minuten, einmal um sich selbst drehen.

Während dieses Zyklus streifte es auch die Gegend oberhalb von MAPO. Das wollten wir vermeiden, weil Wärmestrahlung und

Elektrosmog des Gebäudes dort störten. Daher richteten wir das Teleskop in dieser Zeit auf eine andere Himmelsregion für Vergleichsmessungen. Nach weiteren 18 Stunden war das erneut der Fall. So nutzten wir bei jeder zweiten Umdrehung diese Situation für die obligatorische Kühlpause und unterbrachen die Beobachtungen für sechs Stunden. Wegen der täglichen Abweichung von vier Minuten zu einem Erdentag verschob sich der Beobachtungs- und damit auch der Kühlzyklus im Laufe eines Monats um zwei Stunden nach vorne. Zusätzlich schwenkten wir das Teleskop horizontal um sechzig Grad um seine eigentliche Beobachtungsposition, um systematische Bildfehler zu finden und diese später aus den Messungen herausrechnen zu können.

Mit dem kosmischen Mikrowellenhintergrund nahmen wir kein konkretes Himmelsobjekt an einer bekannten Position ins Visier, sondern beobachteten gewissermaßen nur ein Rauschen, das aus allen Richtungen des Himmels kommt. Dennoch ist dieses Rauschen, das vom Echo des Urknalls stammt, nicht überall gleich stark, sondern schwankt über winzige Himmelsareale minimal. Daher war es essenziell, das Teleskop so exakt wie möglich auszurichten. Während es sich um den Horizont drehte, tasteten acht Positionssensoren ein optisches Codierband mit einem Laser ab. Eine ausgeklügelte Mechanik führte die Sensoren auf kleinen Rollern auf den Bruchteil eines Millimeters genau das Codierband entlang.

Alle paar Wochen wurde die Ausrichtung anhand von etwa achtzig Sternen mit einem zusätzlichen optischen Teleskop, das auf derselben Montierung angebracht war, überprüft. Dazu steuerte SPUD/Keck die Sternpositionen nacheinander an, bis sie mit dem Fadenkreuz des optischen Teleskops in Deckung gebracht waren.

SPUD/Keck war bereits das dritte Teleskop auf ein und derselben Montierung im MAPO. Allerdings war diese für unsere Beobachtungen gar nicht ausgelegt, denn sie musste nun wesentlich kompliziertere Bewegungen ausführen als bei den Vorgängern. Anstatt der bisherigen etwa 300 Umdrehungen pro Winter, denen das Teleskop folgte, wenn es ein Objekt am Himmel nur einmal in 24 Stunden anvisierte, waren es bei SPUD/Keck durch die zusätzliche Schwenkbewegung umgerechnet etwa 100 000 Umdrehungen. Die Montierung war zwar in der Lage, diese Bewegungen auszuführen, aber der Verschleiß war enorm und brachte viele neue und unvorhergesehene Probleme mit sich.

Ein umgebauter Radiowecker

Durch Polartag und Polarnacht entfiel der natürliche 24-Stunden-Rhythmus. Noch dazu hatten die Gebäude im Dome keinerlei Fenster. Unabhängig von der Jahreszeit war es in den Zimmern stockdunkel, und wir waren auf künstliches Licht angewiesen. Selbst in der neuen Station gab es einige Zimmer ohne Tageslicht, doch die meisten besaßen zumindest ein kleines Fenster, wobei die daran angebrachten Rollos eher dem Sichtschutz als der Verdunkelung dienten. Wer es zum Schlafen völlig dunkel haben wollte, klemmte daher Pappkartons vor die Fenster. Der natürliche Wechsel von Tag und Nacht fehlte trotzdem, und vielen von uns machte das arg zu schaffen. Nicht wenige litten unter Schlafproblemen und liefen mit dicken Augenringen herum.

Mir machte es zum Glück nichts aus. Meist schlief ich acht bis neun Stunden, wobei die Wachzeiten dazwischen stark variierten. An manchen Tagen war ich nur acht Stunden auf den Beinen, an anderen weit über 24. Vor allem im Winter richtete sich mein Tagesablauf hauptsächlich nach dem Teleskop: Dieses folgte ja mit seinen Beobachtungs- und Kühlphasen seinem eigenen Rhythmus, der sich noch dazu im Laufe eines Monats um zwei Stunden nach vorne verschob. Bestimmte Arbeiten am Teleskop konnte ich nur während der Kühlphasen erledigen. Abgesehen davon konnte ich mir meine Zeit aber einteilen, wie ich wollte.

So ging ich zu Winterbeginn meist gegen 11:00 Uhr morgens schlafen, musste mir dann aber einen Wecker stellen, um rechtzeitig für Termine tagsüber oder zum Abendessen aufzustehen. Gerade die Abende mit ihren Freizeitaktivitäten wollte ich ja auf keinen Fall verpassen. Ansonsten weckte mich oft irgendein Alarm, sei es vom Teleskop oder von anderen Einrichtungen auf der Station, die mich nicht betrafen. Manchmal riss mich auch einfach nur eine laut zufallende Tür aus dem Schlaf.

Monat für Monat rückte meine Schlafenszeit schrittweise um zwei Stunden nach vorne; so konnte ich immer früher ins Bett gehen, je weiter der Winter fortschritt, und war kaum mehr auf den Wecker angewiesen und dadurch immer gut ausgeschlafen. Dem Unterstützungspersonal war der Luxus nicht vergönnt, denn es war an feste Arbeitszeiten von 07:00 bis 17:00 Uhr sechs Tage die Woche gebunden.

Einer meiner Mit-Winterover empfand den Übergang vom stockdunklen Zimmer zu Kunstlicht nach dem Aufwachen als besonders hart. Er wünschte sich einen Lichtwecker, der mit Dämmerlicht beginnend sacht bis auf Tageslichtniveau anschwillt. Solche Wecker gibt es tatsächlich zu kaufen, aber eben nicht im Winter am Pol. Ich überlegte, wie ich mit dem hier vorhandenen Material etwas dergleichen basteln könnte. Dabei war ich genau in meinem Element. Ein alter Radiowecker war leicht aufzutreiben. Dazu fand sich eine alte Energiesparlampe von der Sorte, die noch ein paar Minuten brauchte, bis sie nach dem Einschalten ihre volle Helligkeit erreichte. Eine Eigenschaft, die im Haushalt nerven kann, sich aber nun bewährte. Aus der kleinen Elektronikwerkstatt im MAPO sowie aus meinem eigenen Fundus an Bauteilen, die ich mir über die Jahre für eigene Bastelprojekte mitgebracht oder bestellt hatte, kramte ich noch ein Relais und einiges Weitere an Elektronik hervor.

Nun musste ich die Lampe noch irgendwie mit dem Radiowecker über das Relais einschalten. Mit der nur eingeschränkt vorhandenen Hardware gestaltete sich der Aufbau etwas komplizierter als eigentlich nötig. Das Radio hatte hier freilich keinen Empfang; wenn es sich einschaltete, war je nach Einstellung entweder nichts als Rauschen oder das nervige Piepsen der Weckfunktion zu hören. Das Rauschen war aber genau das Signal, das ich verwenden konnte. Ich entkoppelte und verstärkte es, leitete es über das Relais um und schaltete damit die Lampe an. Zur eingestellten Weckzeit leuchtete die Lampe nun auf und wurde in den nächsten Minuten immer heller.

Feuer im Teleskop

Wenn sich der Beobachtungszyklus von SPUD/Keck unvorhergesehen verkürzte, wusste ich, dass die Temperaturen im Teleskop zu schnell anstiegen und wieder einmal einer der Heliumschläuche der Kompressoren leckte. Die Heliumschläuche bewegten sich mit der Teleskopführung mit und waren dabei großen mechanischen Belastungen ausgesetzt. Dadurch entstanden mikrometerkleine Löcher. Mit einem Lecksucher, der noch feinste Spuren des ausströmenden Heliums misst, ließen sich die undichten Stellen rasch ausmachen, sodass wir die defekten Schläuche austauschen konnten.

Dazu zeigten die Positionssensoren häufig Fehler an: Auf der im Durchmesser zwei Meter großen Teleskopschiene, auf der sich die vier großen Teleskoproller bewegten, hatte sich ein schwarzer Abrieb aus Grafitpuder, vermischt mit feinen Metallspänen, angesammelt, der auch das empfindliche Codierband mit Schlieren überzog. Der Abrieb stammte von den Kabelkanälen, auf denen die Leitungen für die Heliumschläuche entlangglitten, während sich das Teleskop drehte. Damit die Kabelführungen leichtgängiger waren, wurden sie mit Grafitpuder geschmiert. Offensichtlich hatte es jemand zu gut gemeint und viel zu viel Puder verwendet, der sich nun wie ein Schleier auf das optische Codierband und die Teleskopschienen gelegt hatte.

So machte ich mich während der Kühlzyklen regelmäßig ans

»Raumschiff« SPUD, der einzige Zugang zu den Detektoren von innen durch die azimutale Kabelführung, die die Heliumschläuche nach oben leitet

Staubsaugen. Nach einiger Zeit automatisierte ich die Prozedur und installierte dazu einen kleinen Staubsauger am Teleskop. Den Staubsaugerschlauch führte ich durch eine Lüftungsöffnung hindurch nach unten, wo er bis an die Teleskopschiene heranreichte. Während des Kühlzyklus ließ ich das Teleskop die 400 Grad abfahren, um die es sich horizontal drehen konnte, und saugte dabei die Schiene vollständig ab.

Irgendwann begann der Staubsauger merkwürdige Geräusche von sich zu geben. Der Grafitstaub war fast so fein wie Mondstaub und durchdrang teilweise sogar Staubsaugerbeutel und Filter. Und obwohl ich den Staubsauger regelmäßig reinigte, war anscheinend immer mehr Feinstaub in den Motor gelangt und ließ das Getriebe warm laufen. Für das nächste Jahr werde ich wohl einen neuen Staubsauger bestellen müssen, dachte ich mir noch zum Ende der Wintersaison 2011.

Plötzlich hörte ich während eines solchen Reinigungsvorgangs einen lauten Rums. Zuerst dachte ich, der Staubsauger sei heruntergefallen oder das Teleskop hätte ihn überrollt. Mit seinen rund acht Tonnen hätte es ihn einfach plattgemacht. Ich rannte vom Kontrollraum den Gang zum Teleskop hinüber. Das Teleskop drehte sich noch munter weiter, doch durch den Aufstieg in den oberen Teleskopbereich sah ich Flammen! Ich schnappte mir den CO2-Feuerlöscher, kletterte über zwei Leitern hinauf und hatte den Brand schnell gelöscht.

Der Staubsauger hatte Feuer gefangen. Zum Glück waren nur ein paar Löcher in die Außenabdeckung gebrannt, die das Teleskop wie ein Balg umgab und es gegen die Außenluft abschirmte. Trotzdem war es eine große Sauerei. Denn die Hülle bestand aus Kunstfaser, und das geschmolzene Material war auf die Teleskopmontierung und die Motoren getropft. Das Teleskop selbst lief weiter, die Elektronik blieb unversehrt. Nicht einmal Rauch hatte sich im Teleskop angesammelt, da er durch eine Art Kamineffekt direkt nach außen gezogen wurde.

Ich rief unseren Werkzeugmechaniker an. Er hatte hier im Erdgeschoss seine Werkstatt und war jederzeit sofort zur Stelle, wenn man ihn brauchte. So verbrachten wir viele gemeinsame Stunden im MAPO und waren enge Freunde geworden. Er pflegte die Gewohnheit, zwei Tage durchzuarbeiten und anschließend 24 Stunden zu schlafen, ein bisschen als wäre er von einem anderen Planeten. Nach so einer 48-Stunden-Schicht war er gerade unterwegs zurück zur Station, um sich hinzulegen. »We have a little problem«, sagte ich, »can you come back out to MAPO? We had a little fire.« Dass es nichts Großartiges war, ahnte er schon, sonst wäre der Feueralarm losgegangen. Er kam also zurück zum Teleskop, sah sich die Sache an und meinte nur: »A little fire? It was more than a little fire.« Auf den ersten Blick sah es ja wirklich übel aus, obwohl der Schaden an sich nicht allzu groß war. Die nächsten Stunden verbrachten wir damit, den Balg von innen mit Steppdecken zu isolieren und den angesengten Bereich von außen mit Segeltuch abzudecken. Das Putzen dauerte noch etwas länger. Das Provisorium funktionierte einwandfrei, doch mein Chef störte sich an der Ästhetik, und so ersetzten wir es nach einem weiteren Winter durch einen neuen Balg.

Das Feuer im Teleskop war glimpflich ausgegangen. Doch Feinstaub in einem Staubsauger war bei Weitem nicht die größte Brandgefahr. Das war die extreme Trockenheit. Die trockene Luft, die Astronomen hier so sehr lieben, weil sie ideale Bedingungen schafft, um weit hinaus ins Universum und damit in eine Zeit kurz nach dem Urknall zu blicken, bringt im Alltag allerlei Unannehmlichkeiten mit sich. So merkwürdig es klingt: Kühlung ist in dieser frostigen Umgebung ein großes Problem. Denn die Kühlung gewöhnlicher Computer oder sonstiger handelsüblicher Elektronik ist für den Luftdurchsatz bei einem bestimmten Luftdruck und entsprechender Feuchtigkeit ausgelegt, wie sie in gewöhnlich besiedelter Höhe herrschen. In 3000 Metern über dem Meer, noch dazu am Südpol, wird nicht genug Wärme abgeführt, weil die Luft viel trockener und dünner ist. So kommt es hin und wieder vor, dass die Elektronik ausfällt. Dann heißt es, wie so oft, improvisieren.

Das weitaus größere Problem ist aber die Elektrostatik. Wegen der trockenen Luft laden sich die Dinge auf und entladen sich erst wieder, wenn man sie berührt oder irgendwo anschließt. Als ich einmal eine Tastatur an einen Computer ansteckte, brannte sich plötzlich ein schwarzer Fleck ins Motherboard. Selbst manche Türen versetzten einem einen Schlag, kaum dass man sie berührte; im Dome war der Funkenschlag bei einer bestimmten Tür sogar zentimeterlang. Wir scherzten, dass sie direkt an den Generator angeschlossen sei. Aus diesem Grund war vor jedem Computerarbeitsplatz am Schreibtisch ein leitendes Klebeband angebracht, an dem wir uns erden mussten, bevor wir uns an den Computer setzten.

Bei Sturm war selbst im MAPO die Statik durch die Luftreibung so stark, dass es in dem Lautsprechersystem für Durchsagen nur so knackte und rauschte. Wenn wir uns dann im Freien aufhielten, luden auch wir uns auf. Einmal machten wir bei solchen Wetterverhältnissen draußen Fotos: der Dome, im Nebel der Eiskristalle nur schemenhaft zu erkennen, daneben wir an einer Fahnenstange – aus Metall. Als ich für das Foto nach der Stange griff, bekam ich selbst durch meine dicken, dreilagigen Handschuhe jede Sekunde einen Schlag. Das Gleiche passierte, wenn wir uns gegenseitig die Kamera überreichten.

Auch nicht angeschlossene Kabel luden sich auf und verwandelten sich in einen Kondensator. Mein AMANDA-Kollege bekam das gleich in meinem ersten Winter schmerzlich zu spüren, als wir auf Fehlersuche in einem kleinen Außengebäude verschiedene Leitungen überprüften. Ein unbenutztes Koaxialkabel, das vom MAPO ein paar hundert Meter zu diesem Experiment verlief, versetzte ihm einen so heftigen Schlag, dass er erst einmal ein paar Minuten auf dem Boden saß.

Feuertraining am Südpol

Wie gesagt gab es am Südpol keine eigene Feuerwehr, wir waren im Notfall also auf uns selbst gestellt. Zusätzlich zur Fire School, die die meisten von uns durchlaufen hatten, bevor wir am Pol überwinterten, trafen wir uns einmal in der Woche, um die Abläufe eines Feueralarms mit diversen Szenarien durchzuspielen. Dabei kamen uns die Regularien, die in den USA – und damit unter völlig anderen Voraussetzungen – für Feuerwehren gelten, etwas in die Quere: Bei einem Feuer zählt jede Minute. Doch oft hielten wir uns an verschiedenen Standorten auf, und vor allem die Wissenschaftsgebäude lagen etwas abseits. Bis wir bei einem Alarm von dort zurück in der Station waren und unsere Schutzausrüstung angelegt hatten, konnte wertvolle Zeit verstreichen. Das Feuerteam umfasste in der Regel zwölf Winterover, wobei nur sechs davon offiziell in Bereitschaft sein mussten. Die anderen sechs hätten also auch alkoholisiert sein oder

Südpolfeuerwehr

Übung mit allen Teams

Patiententransport

aus sonstigen Gründen ausfallen können. Eine der Regeln war die Zwei-drinnen-zwei-draußen-Regel: Danach ging man stets in zwei Zweierteams vor; eines davon drang direkt zum Brandherd vor, das andere hielt sich davor als Reserve bereit. Treffen alle Feuerwehrleute gleichzeitig mit einem Feuerwehrwagen am Brandort ein und ist ihnen das Innere des zu löschenden Objekts, wie in den meisten Fällen, unbekannt, ist diese Regel sicher sinnvoll. Am Südpol dagegen erreichen wir den Brandherd oft zeitversetzt, kennen dafür aber die Station. Wir wissen, was sich hinter jeder Tür verbirgt, etwa ein kleines Zimmer oder ein Labor. Sobald wir also mindestens zu zweit am Brandort eingetroffen waren, sollten wir das Feuer möglichst schon bekämpfen können; mussten wir auf weitere Leute warten, würden etliche Minuten vergehen. Entscheidende Minuten – und wir haben nur die eine Station.

Insgesamt gab es vier Notfallteams, die einmal pro Woche für sich trainierten. Einmal im Monat gab es zusätzlich einen Probealarm, bei dem das Zusammenspiel aller Teams geübt wurde. Team 1, die First Responder, begab sich direkt an den Ort des Geschehens und verschaffte sich einen Überblick über die Lage. Bei einem kleinen Brand versuchte es, diesen mit einem Feuerlöscher zu löschen. Team 2 war die eigentliche Feuerwehr, ausgerüstet mit Schutzanzügen und Atemgeräten. Team 3 war für die Logistik zuständig. Team 4, das Medical Team, kümmerte sich um Verletzte und deren Transport zur Klinik, wo es auch den Arzt unterstützte. Während meiner ersten acht Jahre auf der Amundsen-Scott-Station arbeitete ich vornehmlich in Team 2; sobald das Feuerteam seinen Dienst getan hatte, wechselte ich zu Team 4 und half in der Klinik aus, da ich ein zusätzliches Training zur Versorgung kritischer Patienten absolviert hatte. Die letzten Jahre war ich dann nur noch in Team 4.

Medical Care

Die Krankenstation (Biomed) verfügte nur über begrenzte Mittel und Möglichkeiten, doch neben dem Medical Team war immer auch ein Arzt und seit 2001 auch ein medizinischer Assistent Teil der Wintercrew. Dabei gingen die Tätigkeiten des Medical Team weit über den klassischen Erste-Hilfe-Kurs hinaus. In der spaßeshalber so genannten »Vampire Class« übten wir zum Beispiel regelmäßig das Blutabnehmen – das wurde nicht nur für bestimmte Untersuchungen gebraucht, im Fall der Fälle waren wir Winterover auch unsere eigene wandelnde Blutbank. Vor allem aber lernten einige von uns, bei wichtigen Operationen zu assistieren. Denn eine Blinddarmentzündung oder eine Eileiterschwangerschaft konnten schnell lebensbedrohlich werden. Damit Letzteres möglichst gar nicht erst eintritt, dürfen Frauen nicht am Südpol überwintern, wenn sie schwanger sind, und sie werden dazu angehalten, dort nicht schwanger zu werden. Dennoch mussten wir natürlich vorbereitet sein. Dafür trainierten wir das Prozedere einer solchen Operation einige Male unter (fast) realen Bedingungen an einer Patientin und einem Dummy, denn im Ernstfall musste jeder Handgriff vom sterilen Anlegen der Operationskleidung bis zum Assistieren bei der Operation selbst sitzen.

2011 hatten wir dann tatsächlich eine Blinddarmoperation und noch ein paar weitere kleinere operative Eingriffe. Der Arzt in jenem Jahr war ein Chirurg und mit 73 Jahren der älteste Winterover, der bis dahin überwintert hatte. Er hatte seine Erfahrung während des Vietnamkriegs gesammelt und wahrscheinlich in seinem Leben bereits Tausende Blinddarmoperationen durchgeführt. Hier allerdings musste er gewissermaßen zu seinen Anfängen zurück und nach der klassischen Methode mit großer Narbe operieren, da wir kein Besteck für endoskopische Eingriffe hatten.

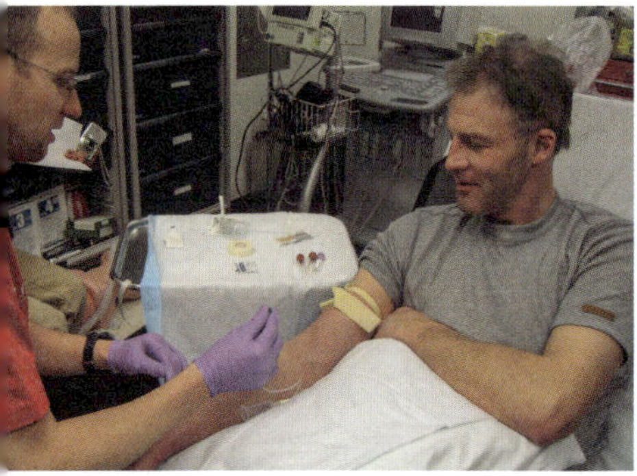

Blutabnahme

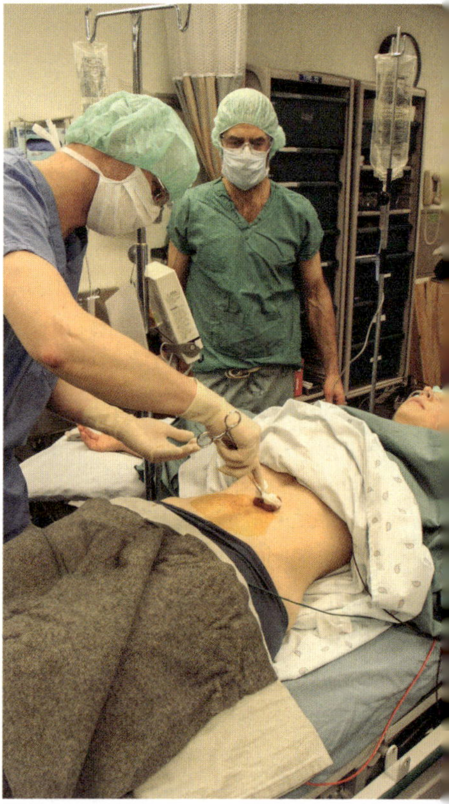

Vorbereitung zur OP …

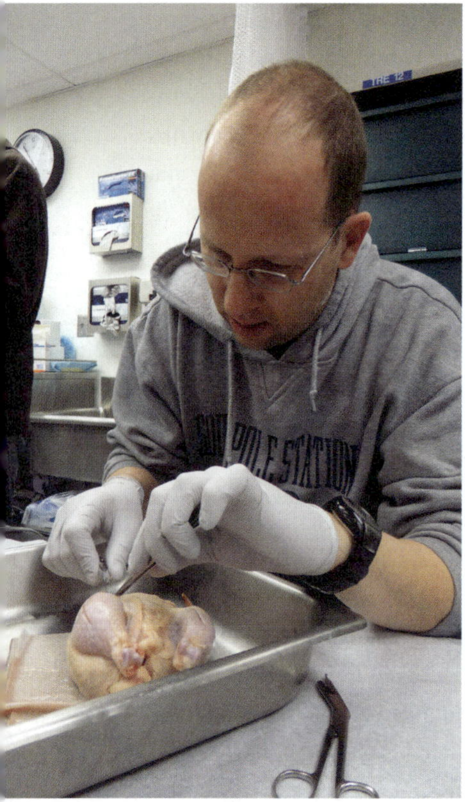

Nähübungen

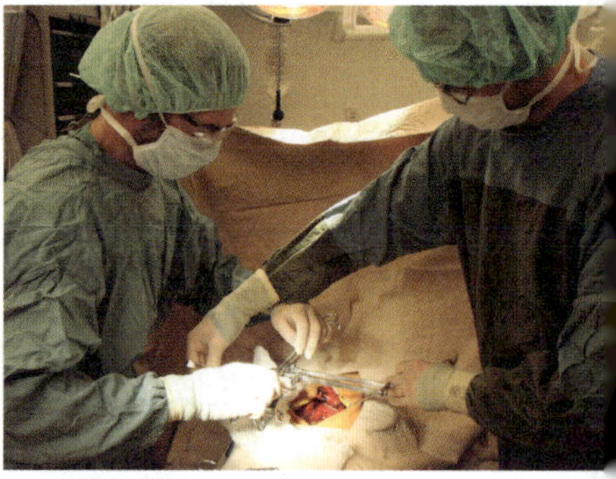

… in diesem Fall nur Training

Das Kreuz des Südens und eine Fußball-WM per Telefon

Wenn es einige Wochen nach Sonnenuntergang richtig dunkel wird, ist der Himmel übersät mit Sternen. In Mitteleuropa kennt man das kaum noch. Dort ist die Lichtverschmutzung in der Nähe der Zivilisation so groß, dass der Nachthimmel gar nicht mehr wirklich dunkel wird. Nicht einmal in den Alpen, fernab künstlicher Lichtquellen und oberhalb der Dunstschicht, ist es nachts annähernd so dunkel wie am Südpol. An den städtischen Himmel gewöhnt, kann es einem allerdings schon in den Bergen passieren, dass man sich vor lauter Sternen erst einmal gar nicht zurechtfindet und ein wenig braucht, bis man unter den vielen Lichtpunkten die vertrauten Sternbilder herausfindet.

Wegen lichtempfindlicher Experimente sollte die Umgebung der Station so dunkel wie möglich gehalten werden. Die Außenbeleuchtung war rot, damit die Augen an die Dunkelheit angepasst bleiben. Wenn ich draußen unterwegs war, benutzte ich nicht einmal eine rote Stirnlampe. Denn so konzentriert man sich nur auf den Lichtkegel und nimmt die Peripherie gar nicht wahr. Außerdem ist in der Schneeumgebung selbst das Sternenlicht schon erstaunlich hell. Natürlich hatte ich aber immer mehrere Taschenlampen dabei: rote zum Arbeiten und weiße für den Notfall.

Im Dunkeln treten die Juwelen des Südsternhimmels prächtig hervor. Da ist mein Lieblingssternbild, das Kreuz des Südens mit seinen vier markanten Sternen. Als stilisiertes Symbol ist es das Emblem der Europäischen Südsternwarte (ESO) und ziert die Flaggen von verschiedenen Nationen auf der Südhalbkugel, so etwa der brasilianischen, der australischen und der neuseeländischen. In demselben Himmelsabschnitt ist mit bloßem Auge auch der Carina-Nebel zu sehen. In dieser Wolke aus interstellarer Materie entstehen laufend

Der südliche Sternenhimmel

neue Sterne. Außerdem beherbergt sie einen der massereichsten Sterne überhaupt. Er besitzt geschätzt 150 Sonnenmassen und ist vielleicht sogar schon explodiert. Aus einer Entfernung von 7500 Lichtjahren wäre das Licht dieser Supernova dann aber noch eine Weile zu uns unterwegs.

Aus einer noch ferneren Gegend und mit keinem Himmelsobjekt der nördlichen Hemisphäre vergleichbar, tauchen nun auch zwei unförmige, flächig verwaschene Nebelflecken auf: die Kleine und die Große Magellan'sche Wolke. Sie sind nicht zu übersehen und waren den Bewohnern der Südhalbkugel schon lange bekannt, als der Seefahrer Andrea Corsali 1515 und zehn Jahre später ein Reisegenosse von Ferdinand Magellan sie in ihren Aufzeichnungen beschrieben. Beides sind eigenständige Galaxien außerhalb der Milchstraße, viel kleiner als unsere Heimatgalaxie, aber über die Schwerkraft mit ihr verbunden. Das Licht der Großen Magellan'schen Wolke benötigt 163 000 Jahre bis zur Erde, das der Kleinen Magellan'schen Wolke sogar 200 000. Der Stern, der 1987 in der Großen Magellan'schen Wolke als Supernova zu sehen war, hat sein Leben also schon zur Zeit der Neandertaler ausgehaucht.

Gelegentlich leuchtete zwischen den Sternen ein neues Licht auf, das sich am Himmel bewegte und kurz darauf wieder verschwand. Für eine Sternschnuppe war es viel zu langsam. Die Leuchterscheinung

wurde merkwürdig hell und dauerte wenige Sekunden an, und vor allem wiederholte sich dieses Schauspiel für ein, zwei Tage alle zehn Minuten an derselben Stelle. Schnell war uns klar, dass es sich um ein künstliches Objekt im Erdorbit handeln musste, aber gewöhnliche Satelliten kamen dafür nicht in Frage. Diese sind über eine längere Strecke in ihrem Orbit zu sehen, unterdessen verändert sich ihre Helligkeit kaum. Da die Umlaufbahnen vieler dieser Satelliten über die Pole führen, zogen laufend welche über unsere Köpfe hinweg.

Bei dem Webdienst Heavens-Above, der sämtliche Satellitenerscheinungen vorhersagt, war zunächst nichts zu finden, was mit unseren Beobachtungen übereinstimmte. Das erste Mal fielen uns diese Erscheinungen 1998 auf; damals gingen die Iridium-Satelliten in Betrieb. Diese neue Technik machte es möglich, auch von entlegenen Gegenden der Erde aus zu telefonieren.

Das Iridium-System verfügte über 66 Satelliten; ursprünglich vorgesehen waren 77, der Ordnungszahl des Elements Iridium entsprechend, daher der Name. Die 66 Satelliten waren auf sechs Orbits mit je elf Satelliten verteilt. Die Orbits waren zueinander jeweils um dreißig Grad versetzt und führten nahezu über den Pol. Das Netz umspannte den Globus derart, dass überall auf der Erde einige Iridium-Satelliten über dem Horizont zu sehen waren. Das Iridium-Telefon besaß nur eine kleine Antenne, dafür waren die Antennen an den Satelliten umso größer. Standen die Satelliten in geeignetem

Panoramaaufnahme aus acht Einzelbildern: Milchstraße und Polarlichter, der Himmel bei klarem Wetter im Winter

Winkel über dem Horizont, spiegelten sie das Sonnenlicht so stark, dass sie mitunter bis zu hundertmal heller als die Venus leuchteten. Was wir sahen, waren also sogenannte Iridium-Flares!

Für den Rest der Welt sagte Heavens-Above tatsächlich Zeit und Himmelsposition der Iridium-Flares vorher, nur nicht für den Südpol. Wie ich herausfand, war er gar nicht im System vorhanden. Nachdem ich die Kollegen des Deutschen Zentrums für Luft- und Raumfahrt (DLR) in Oberpfaffenhofen, die das Webportal betreuten, darauf aufmerksam gemacht hatte, führten sie auch den Südpol als Koordinaten ein, und das System kündigte schon bald die Iridium-Flares über unseren Köpfen an.

Manche Satelliten konnten wir über mehrere Tage verfolgen. Da sich der Stand der Sonne, auch der untergegangenen hinter dem Horizont, hier nur sehr langsam ändert, sind die Bedingungen für Flares in einem bestimmten Orbit mehrere Tage lang gegeben. So tauchte dort ein Satellit nach dem anderen im Takt von etwa zehn Minuten auf. In anderen Breiten hingegen ereignen sich nur ein oder zwei Flares an der gleichen Stelle.

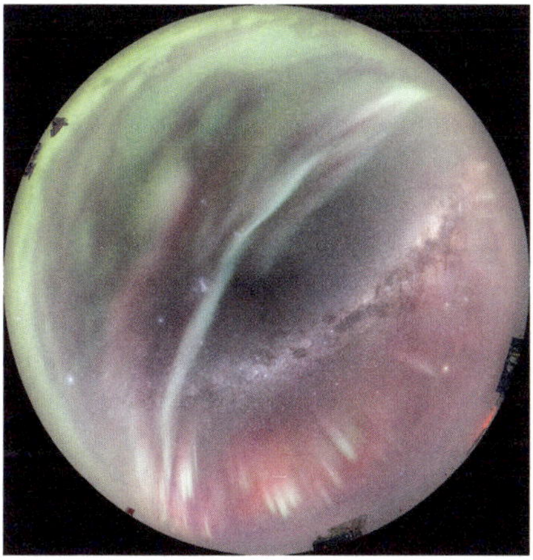

Die gleichen acht Aufnahmen zu einer Fischaugenaufnahme vereint

Neben diesem interessanten Phänomen hatte das Iridium-System natürlich auch einen ganz praktischen Nutzen für uns. Die Kontaktmöglichkeiten zur Außenwelt verbesserten sich enorm. Wir konnten nun rund um die Uhr telefonieren und in späteren Jahren auch Textmails über Iridium verschicken. Das erleichterte die Korrespondenz mit unseren Kollegen an den Universitäten auf der anderen Seite des Globus sehr. Die Verbindung war zwar nicht immer gut, aber immerhin waren wir für Telefonate nicht mehr auf die wenigen Stunden, für die uns andere Satelliten zur Verfügung standen, angewiesen. Auf diese Weise kam ich im Sommer 2006 sogar in den Genuss, die Fußballweltmeisterschaft in Deutschland beinahe live mitzuverfolgen.

Eigentlich war ich nie ein großer Fußballfan und zunächst ganz froh darüber, von dem ganzen Trubel um die Weltmeisterschaft nichts mitzubekommen. Aber ich hatte einen sehr fußballbegeisterten französischen Kollegen, und als ich dann von Freunden auch noch die Stimmung in Deutschland mitbekam, packte mich das Fußballfieber doch.

Da die FIFA die Spiele nicht mit unseren Satellitenzeiten synchronisieren wollte, konnten wir sie, wenn überhaupt, nur teilweise verfolgen. Für einen Livestream war unsere Satellitenverbindung ohnehin viel zu langsam, aber ein Liveticker funktionierte recht gut. Doch beim Viertelfinale Deutschland gegen Argentinien war nach der ersten Halbzeit auch damit Schluss. So rief ich meine Mutter über Iridium an, und sie legte zu Hause ihren Telefonhörer vor das Radio. Auf diese Weise konnte ich das Spiel einigermaßen verfolgen, auch wenn der Kommentator schwer zu verstehen war.

Die Iridium-Satelliten waren so programmiert, dass derjenige Satellit mit dem stärksten Signal die Verbindung übernahm. Da aber hier am Pol alle Orbits der Iridium-Satelliten nahezu durch den Zenit liefen, war die Signalstärke aller Satelliten ungefähr gleich gut. Daher »stritten« sie sich oft um die Verbindung, und das Ende vom Lied war, dass sie abbrach.

Sehr ungünstig, wenn man versuchte, wieder anzurufen, und daheim besetzt war, weil das Telefon noch immer vor dem Radio lag. Zum Glück hatten wir das Problem schon bei den Vorrundenspielen erkannt, und meine Mutter kontrollierte alle fünf Minuten, ob ich noch in der Leitung war.

Nachdem Deutschland das Spiel gewonnen hatte, machte ich mich in guter Fußballfanmanier auf zum geografischen Südpol und schoss dort ein paar Fotos mit der Deutschlandfahne. Beim Bayerischen Rundfunk lief damals eine Aktion unter dem Motto »Wo hast du das Viertelfinale erlebt, schick uns deine Bilder«, und auf einmal tauchte mein Gesicht in vielen Zeitungen auf.

Der BR bat mich um ein Interview und bot mir als Gegenleistung an, einen ihrer Sportreporter anzurufen, der mir die zweite Halbzeit des Halbfinales Deutschland gegen Italien live kommentierte. Das würde gewiss besser funktionieren als ein Telefonhörer neben dem Radio. Das war dann recht amüsant: Erst einmal klang es wie eine Liveübertragung im Radio, aber zwischendrin stellte mir der Reporter immer wieder neugierige Fragen zu meinem Leben und der Situation am Südpol.

Für den französischen Kollegen wurde es dann noch einmal richtig spannend, als im Finale Frankreich und Italien aufeinandertrafen. Dazu luden wir die Aufzeichnung des Endspiels per Satellit herunter. Das dauerte natürlich seine Zeit. So verhängten wir eine interne Nachrichtensperre – denn wir anderen wussten bereits aus dem Internet, wie das Spiel ausgegangen war, nur durfte unser französischer Kollege es ja noch nicht wissen. Die Bildqualität war dann allerdings so schlecht, dass der Ball kaum zu erkennen war. Nur anhand der Richtung, in die die Spieler liefen, ließ sich erahnen, wo er sich ungefähr befand.

House Mouse und Freizeit

Bis auf die Köche und einen Geschirrwäscher gab es kein weiteres Haushaltspersonal. Um seinen Arbeitsplatz und sein Zimmer kümmerte sich jeder selbst. In den Gemeinschaftsbereichen Ordnung zu halten, klappte meist recht gut, auch wenn immer der ein oder andere dabei war, der es anscheinend gewohnt war, dass ständig jemand hinter ihm her räumte. Trotzdem war natürlich eine regelmäßige Reinigung der Aufenthaltsräume, Gänge, Bäder und Toiletten nötig. Das war Aufgabe der gesamten Wintercrew in der wöchentlichen »House Mouse«. Zusätzlich hatte jeder einmal im Monat für sieben Stunden Spüldienst, denn unser Tellerwäscher konnte mit seiner Neun-Stunden-Schicht natürlich nicht alle drei Mahlzeiten abdecken.

Sonntags hatten die Köche frei, und wir bedienten uns an dem, was von den Mahlzeiten während der Woche übrig war. Es wurde aber auch gern gesehen, wenn zur Abwechslung jemand von der Crew für alle kochte. Da ließ ich mich nicht lumpen und bereitete Gerichte aus meiner Heimat zu: Wiener Schnitzel war immer heiß begehrt, aber auch selbstgemachte Spätzle, Szegediner Gulasch oder Apfelstrudel.

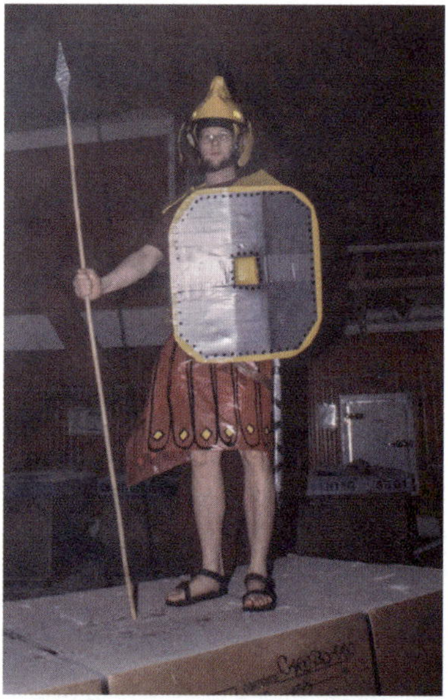

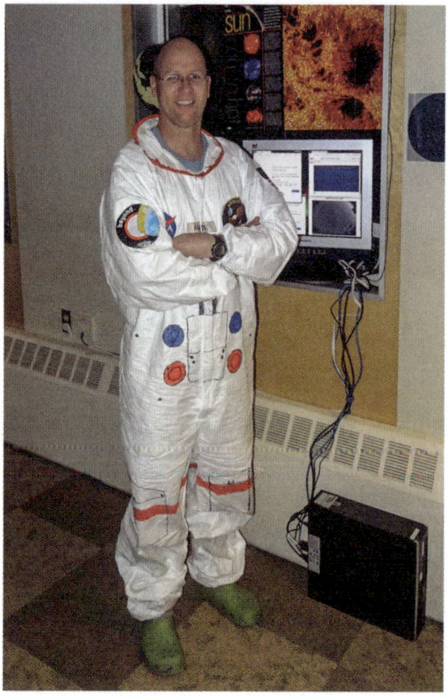

➤ Duct Tape und Karton bilden eine gute Grundlage für Kostüme, 1997 für ein Rollenspiel im alten Rom

▲ 1998 auf einer Cargo Party als CATapillar

◀ Yuri's Night 2019 mit Jubiläum von 50 Jahren Apollo 11

2011 führte ich die Yuri's Night am Südpol ein. Seit 2001 wird weltweit jedes Jahr am 12. April Yuri Gagarin als erster Mensch im All (1961) gefeiert …

Ein kostümierter Wettlauf durch die Station

Es ist immer eine willkommene Abwechslung, aus den Arbeitsklamotten zu kommen

Und Schnee schaufeln mussten wir natürlich auch, wann immer nötig.

In meinen beiden ersten Wintern waren wir jeweils 28 Winterover, 2005, während der Bauphase der neuen Station, waren es sogar 86, in den letzten Jahren hat sich die Anzahl bei knapp über vierzig eingependelt. Unsere freien Stunden, nach der Arbeit oder sonntags (Samstag war für uns ein gewöhnlicher Arbeitstag), verbrachten wir oft gemeinsam bei Spiele- oder Filmabenden. Und natürlich gab es auch die ein oder andere Party, meist unter einem bestimmten Motto; die Verkleidungen dazu waren immer sehr fantasievoll gestaltet.

Dazu gab es eine ganze Reihe Aktivitäten, die die Winterover je nach Vorliebe und Fähigkeit anboten: Programmieren, eine Webseite erstellen, Fremdsprachen lernen, Tanzkurse oder handwerkliche Tätigkeiten wie Schweißen. Das Angebot war wirklich sehr abwechslungsreich, viele waren künstlerisch tätig und sehr begabt. Einige brachten ihre Bastel- und Handarbeitsutensilien mit an den Pol, andere ließen sich von dem, was sie vorfanden, zu neuen Ideen inspirieren. Dabei entstanden gebatikte T-Shirts, Taschen aus alten Planen oder auch beeindruckende Kunstwerke, die in einer Ausstellung präsentiert wurden. Getoppt hat das Ganze einmal unser Logistiker, der natürlich den besten Überblick über sämtliche Ausschussmaterialien hatte. Aus Abfallkartonagen fertigte er nach Bauplänen, die er aus dem Internet heruntergeladen hatte, maßstabgetreue, mannshohe Modelle eines Tyrannosaurus Rex und eines Stegosaurus!

Dank der vielseitigen Talente einiger Stationsbewohner genossen wir ein sehr reiches Kulturleben. Manche hatten ihre Musikinstrumente dabei, die sie zum Teil professionell beherrschten, und so gab es regelmäßig Konzerte, von Pop bis Klassik war alles dabei. Selbst kleine Theatervorführungen oder Lesungen mussten wir nicht missen.

Nicht alle Stationsmitglieder waren so gesellig. Es gab immer auch welche, die sich lieber zurückzogen. Und natürlich war nie-

Kunstausstellung

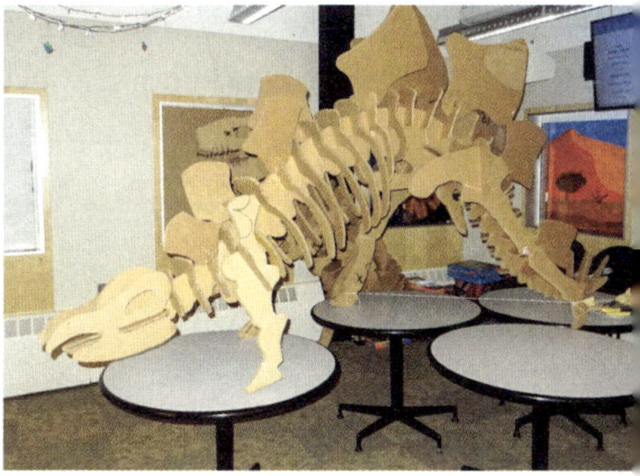

Pappsaurier

mand zu irgendwas verpflichtet, dennoch fand sich stets ein solider Kern, der das Sozialleben aktiv gestaltete. Gerade mit den Leuten aus der Wintercrew wuchs man eng zusammen, oft war man so vertraut miteinander wie in einer Familie. Man teilte Privates, Freud und Leid, es entstanden Liebesbeziehungen, von denen manche von Dauer waren – einmal hatten wir sogar eine Trauung – und andere wieder zerbrachen. Dann tröstete man sich gegenseitig, und auch sonst hatten wir immer ein Auge aufeinander. Einmal konnte ich einen Kameraden, der sich in einer desolaten Lage wähnte, davon überzeugen, dass es keine so gute Idee wäre, nur in Unterwäsche zu Fuß nach McMurdo zu laufen. Er hatte zum Glück ein Einsehen und erholte sich wieder von seinem Herzschmerz. Die allermeisten der Crew waren wirklich fantastische Menschen, auf die man sich in jeder Lebenslage verlassen konnte.

Im Laufe der Jahre verbesserte sich die Satellitenkommunikation zusehends, und bald kamen auch die sozialen Medien als Kontaktmöglichkeiten zur Außenwelt hinzu. Eigentlich ein Segen in dieser Abgeschiedenheit. Doch das veränderte auch die Gemeinschaft am Südpol, vor allem während der Wintermonate. Etliche von uns zogen sich nun lieber mit ihrem Laptop oder Handy zurück, surften im Internet, chatteten mit ihren Bekannten am anderen Ende der Welt oder schauten Filme allein an ihrem

Computer, anstatt sich gemeinsam zu einem Kinoabend zu treffen. So war das Leben nicht mehr ganz so gesellig, wie ich es in den ersten Jahren kennengelernt hatte. Auch am Südpol ist das digitale Zeitalter eingezogen.

Sandkastenkrieg und andere Kindereien

Als ich 2010 für die Arbeit am SPUD/Keck-Teleskop zum Südpol zurückkehrte, machten sich finanzielle Kürzungen unangenehm bemerkbar, so etwa beim Auswahlverfahren der Wintercrews. Einerseits wurden sie größer, andererseits hatte man zum Beispiel den Ropes-Course eingestellt, bei dem sich die Winterover vor ihrem Aufenthalt am Südpol näher kennenlernen und schon als Team zusammenfinden konnten. Nur die medizinischen Auswahlkriterien bestanden weiter. Scherzhaft meinten wir, es werde jeder genommen, solange er einen Puls hat.

Zudem wurde die Besetzung des Unterstützungspersonals an verschiedene Subunternehmer vergeben. Das machte die Einstellungsverfahren nicht einfacher, da die Gesamtbesatzung bei der Auswahl nicht mehr aufeinander abgestimmt werden konnte. Nach dem Abzug der US-Streitkräfte aus Krisengebieten wie dem Irak gab es ein Überangebot an zivilen Arbeitskräften, die dort ebenfalls über das Militär beschäftigt gewesen waren und nun einen neuen Job suchten, aber eigentlich gar nicht zum Südpol wollten. Manche Stellen wurden erst auf den letzten Drücker besetzt, sodass die Leute mit dem letzten Flieger am Südpol ankamen und den Winter über bleiben mussten – ob es ihnen dort gefiel oder nicht.

2011 bekamen wir eine Stationsmanagerin mit einem sehr eigenen Führungsstil. Sie war eigentlich Ingenieurin und hatte in Kernkraftwerken gearbeitet. Im ersten halben Jahr schien sie alles kontrollieren zu wollen und meinte, selbst dort hart durchgreifen zu müssen, wo es gar nicht nötig war. Das ging so weit, dass sie Leute vor der gesamten Mannschaft an den Pranger stellte.

Mich hat sie einmal sogar ausgesperrt: In den Wohntrakten waren jeweils drei Zimmerreihen durch zwei Flure getrennt, die an einem Gangende in einen kleinen, durch Türen abgetrennten Windfang mündeten. Oft nutzten wir den Windfang als Abkürzung, um von einem Flur in den anderen zu gelangen. Vor allem führte von dort aus eine Treppe als Notausgang nach draußen. Die Außentüren waren laute, schwere Gefrierschranktüren und eigentlich nur für den Notfall vorgesehen. Doch nicht alle hielten sich an diese Regelung, gerade für Raucher war es ein kurzer Weg nach draußen.

Unsere Managerin ließ Kameras installieren, um zu sehen, wer den Notausgang missbrauchte. Zusätzlich ließ sie heimlich die Türknaufe am Windfang so einstellen, dass man nur hinaus, aber nicht mehr zurück in die Wohnflure kam. Als ich eines Tages meinem Arbeitskollegen etwas vor sein Zimmer auf der anderen Seite des Windfangs stellen wollte, stand ich plötzlich völlig unvorbereitet vor verschlossenen Türen. Nur mit einem T-Shirt bekleidet musste ich über die Außentreppe in die klirrende Kälte und zum Haupteingang der Station stapfen.

Daraufhin beschwerte ich mich bei unserer Managerin und versuchte sie zu überzeugen, die Türen des Windfangs wieder von beiden Seiten zugänglich zu machen. Ich hatte auch ein sehr gutes Argument dafür: Es gab auf der Etage nämlich nur auf der einen Seite des Windfangs einen Feuerlöscher. Wollte man diesen für die andere Seite holen, wäre man gar nicht direkt zurück zum Ort des Geschehens gekommen. Zuerst wollte sie das nicht gelten lassen und stattdessen auch auf der anderen Seite einen Feuerlöscher installieren. Schließlich lenkte sie aber doch ein und entriegelte den Windfang von außen wieder.

Zu Midwinter verwandelte sie sich plötzlich ins Gegenteil ihrer selbst, gab sich antiautoritär und tauschte Carhartt-Arbeitshose und

Stiefel gegen Kostüm und Stöckelschuhe. Von da an war der Hall ihrer Schuhe immer eine gute Vorwarnung, dass sie im nächsten Moment auftauchen würde. Die Handwerker machten sich zudem den Spaß, die Größe des Gitters auf den Treppenstufen und die Absatzgröße zu vermessen, und gaben dem Sicherheitsingenieur ihre Bedenken zum Ausdruck.

Als es darum ging, einen Airdrop für Medikamente zu organisieren, schien ihr endgültig alles über den Kopf zu wachsen. Sie glaubte, an sich selbst Anzeichen eines Schlaganfalls zu beobachten, und wollte statt des Airdrops einen Evakuierungsflug erreichen, mit dem sie die Station hätte verlassen können. Doch unser Arzt konnte keinerlei Symptome bei ihr feststellen. Als Managerin wurde sie schließlich abgesetzt, bis zum Ende der Saison saß sie aber noch auf der Station fest. Gerettet hat uns in diesem Jahr unser IT-Manager, der zusätzlich zu seinen eigentlichen Aufgaben auch noch das Stationsmanagement übernahm.

Richtig brenzlig wurde es im Winter 2013. Die ersten Reibereien begannen kurz nach Sonnenuntergang. Es fing damit an, dass in dem kleinen Laden, in dem wir Souvenirs, Süßigkeiten oder auch Alkohol kaufen konnten, etwas Wein fehlte. Dann kam eins zum anderen und die Situation spitzte sich immer mehr zu. Mit der Zeit formierte sich eine Gruppe, die gegen die Manager und Supervisor aufbegehrte, und im gesamten Team machte sich ein bis dahin nicht gekanntes Misstrauen breit.

Bis auf den kleinen Shop und den Medikamentenschrank im Biomed wurde auf der Station nichts abgesperrt. Es gab zwar Zimmerschlüssel, doch die wurden für gewöhnlich gar nicht erst ausgehändigt. Nun war es anders: Von den über vierzig Winterovern in diesem Jahr sperrten plötzlich fast dreißig ihr Zimmer ab.

Ich selbst kam mit den »Aufständischen« noch relativ gut aus und sperrte mein Zimmer auch nicht ab. Doch mit dem Werkzeugmechaniker überlegte ich tatsächlich schon, wie wir MAPO sichern könnten, für den Fall, dass die Situation weiter eskalierte.

Hätte man rechtzeitig interveniert, hätte man die Lage wohl noch in den Griff bekommen und sich viele nervenaufreibende Stunden ersparen können. Was das Ganze aber so vertrackt machte, war die Tatsache, dass die an dem Konflikt Beteiligten verschiedenen Subunternehmern unterstellt waren. So schaukelte sich die Situation immer weiter auf und die »Aufständischen« wollten dem Management den Winter richtiggehend zur Hölle machen. Und das auf unglaublich infantile Weise. Am Südpol wurde großer Wert auf Mülltrennung gelegt, um ihn später in den USA recyclen zu können. Die vielen verschiedenen Tonnen für die unterschiedlichen Materialien standen vor der Küche, da dort der meiste Abfall anfiel. Einmal schüttete die Geschirrwäscherin in jede Tonne etwas Suppe hinein. So war nichts mehr recyclebar, alles musste als Essensabfall entsorgt werden. Ein anderes Mal waren die Figuren eines Brettspiels abgebrochen. Lauter so kleine Sticheleien.

Da es keinen Handyempfang gab, benutzten wir für die Kommunikation Funkgeräte, die wir rund um die Uhr mit uns führten. Im Laufe dieses Winters wurde unser Manager jede Nacht mindestens einmal von einem Funkgerät, das auf niemanden registriert war, geweckt. Erst als einer der Hauptstörenfriede bereits mit dem ersten Flugzeug die Station verlassen hatte, entdeckte man das betreffende Funkgerät hinter der Deckenverkleidung seines Zimmers.

All das gipfelte darin, dass der Elektriker, der absolut keine Lust mehr hatte, damit drohte, die Generatoren zu manipulieren, um eine Evakuierung zu erzwingen. Just an jenem Abend gab es einen größeren Stromausfall – der allerdings viel zu elaboriert war, als dass jener Elektriker diesen hätte verursacht haben können. Für den Rest des Winters wurde das Generatorengebäude von innen verriegelt, was aber zugleich bedeutete, dass es rund um die Uhr besetzt sein musste.

Es war eine vergiftete Atmosphäre, aber trotz allem hatte ich persönlich noch einen guten Winter, auch wenn es bei weitem nicht der beste war. Ich hatte zum Glück MAPO und verstand mich mit dem Werkzeugmechaniker ganz wunderbar. Wir hatten unser eigenes Reich abseits der Station. In Extremsituationen wie diesen hat der Stationsmanager US-Marshal-Recht. Eigentlich hätten wir zwei Leute von der Gruppe absondern müssen, aber das war nicht möglich, da wir keine Arrestzellen hatten. Alles, was wir tun konnten, war, die kritische Infrastruktur zu schützen.

Am Ende dieses Winters wurden die Hauptakteure mit dem ersten Flugzeug, einer Basler, ausgeflogen. Nicht umsonst hatte das erste Flugzeug nach dem Winter, wenn es schon jemanden mit zurück nach McMurdo nahm, den Beinamen »Plane of Shame« erhalten. So etwas macht natürlich in McMurdo und auch auf den anderen Stationen die Runde. Unser medizinischer Assistent, der ein Problem mit seinen Augen hatte, wurde ebenfalls ausgeflogen. Zum Abschied bekam er von uns ein T-Shirt mit der Aufschrift »Plane of Shame Guest – Medical not Mental« – so wusste man in McMurdo Bescheid.

Etwa neunzig Prozent aller Probleme am Südpol stehen in irgendeinem Zusammenhang mit Alkohol. Nach besagtem Winter befragte das USAP jeden von uns zu unserer Sicht der Ereignisse und bat um Verbesserungsvorschläge. Der offensichtlichste: Werdet den Alkohol los, andere Antarktisprogramme haben das schließlich auch geschafft und fahren gut damit. Gewiss würde man die eine oder andere gute Arbeitskraft verlieren, aber sich sehr viele Probleme ersparen. Doch dieses Argument stieß auf taube Ohren, denn vor allem auch viele Manager der Sommerbesatzung trinken gern. Die NSF hatte immer ein paar nicht nachvollziehbare Argumente parat, die von anderen Antarktisprogrammen längst widerlegt worden waren.

Das Ende vom Lied war, dass alkoholische Getränke nicht etwa verbannt, sondern im Store sogar billiger wurden. Angeblich weil dieser keinen Profit erwirtschaften durfte. Da blickte ich nur ganz ungläubig auf den Preis von 25 US-Dollar für Souvenir-Trinkflaschen aus Plastik, die dort ebenfalls verkauft wurden. An allen Ecken und Enden wurde gespart, zum Beispiel wurden all unsere Zeitschriftenabos gekündigt, weil man kein Geld mehr dafür hatte – da wäre doch ein wenig Profit aus dem Store gar nicht schlecht gewesen.

Immerhin wurde in den Jahren danach das Team wieder wesentlich besser abgestimmt. Man hatte erkannt, wie wichtig das Auswahlverfahren und das Teambuilding waren. Denn letztlich hätte noch viel Schlimmeres passieren können, und wir hatten eigentlich noch ziemlich Glück gehabt.

Leider werden teilweise zwar immer noch Leute auf den letzten Drücker zum Südpol geschickt; bei anderen nationalen Antarktisprogrammen ist das Auswahlverfahren rigoroser und das Teambuilding wesentlich intensiver. Aber insgesamt sind die meisten Leute spitze, und man würde ihnen ohne Bedenken sein Leben anvertrauen, sogar in einem Winter wie 2013.

Inzwischen wurde auch der nichtssagende Multiple-Choice-Psychologietest gestrichen. Stattdessen gibt es ein Teambuilding unter der Leitung eines erfahrenen Psychologen, sowohl zuvor in den USA als auch dann im Sommer am Südpol.

Sternenstaub

Wenn wir mit einem Fernglas auf das blass schimmernde Band der Milchstraße blicken, löst es sich in unzählige winzige Lichtpunkte auf. Die rund 250 Milliarden Sterne, die sich in unserer Heimatgalaxie zu einer rotierenden Scheibe zusammengefunden haben, konzentrieren sich in einer dichteren Region in der Mitte der Scheibe sowie in ausladenden Spiralarmen. Diese Spiralstruktur ist umhüllt von einem kugelförmigen Halo, in dem Kugelsternhaufen kreisen, und zudem eingebettet in Dunkle Materie. Darüber wissen Forscher noch sehr wenig, nur dass ihre Schwerkraft die Milchstraße zusammenhält. Die Masse der 250 Milliarden Sterne

Das Band der Milchstraße mit den Staubwolken, davor violette Polarlichter

würde das allein nicht schaffen. All das ist im Universum nichts Ungewöhnliches. Die meisten größeren Galaxien in unserer kosmischen Nachbarschaft – wenn auch mehrere zig Millionen Lichtjahre entfernt – haben eine ähnliche Struktur.

Am Südpol, wo – bis auf die roten Außenlichter vieler Gebäude – keine Lichtverschmutzung durch die Zivilisation den Himmel aufhellt, treten mit zunehmender Dunkelheit die dunklen Strukturen in der Milchstraße zutage. Hier verhüllt Staub den Blick auf die dahinterliegenden Sterne. Dieser Staub hat sich im Laufe der Generationen von Sternen aus schwereren Elementen gebildet, die Sterne in ihrem Inneren aus Wasserstoff produzieren. Er ist essenziell für die Entstehung von Sternen und Planeten.

Besonders markant treten diese Dunkelwolken im Sternbild Schütze hervor. Vor dem hellen Hintergrund der Milchstraße zeichnen sich hier eindrucksvolle Strukturen ab. In mitteleuropäischen Breiten sind diese kaum zu beobachten, denn dieses Himmelsgebiet zieht dort stets in Horizontnähe vorüber. Hinter diesen besonders dichten Staubwolken verbirgt sich der interessanteste Bereich der Milchstraße: Sterne, dicht an dicht geballt, und mittendrin, im Herzen der Galaxis, ein riesiges Schwarzes Loch von 4,2 Millionen Sonnenmassen.

Der schönste Arbeitsweg, mit Blick auf die Milchstraße und Auroras

So nützlich der Staub für die Entstehung der Erde und letztlich auch des Lebens auf ihr war, so ärgerlich ist er für Astronomen. Zwar verfügen diese inzwischen über Teleskope, mit denen sie bei Infrarot- oder Radiowellenlänge in die hinter dem Staub liegenden Gegenden der Galaxis und des Universums blicken können. Doch der Staub wird durch Sterne angestrahlt und wärmt sich auf, sodass er selbst Energie abgibt, und das ebenfalls in Form von Infrarot- oder Mikrowellenstrahlung. Ausgerechnet dieser Staub kommt den Astronomen bei der Beobachtung der Polarisation der kosmischen Mikrowellenhintergrundstrahlung also in die Quere. Durch seine elektrischen Eigenschaften prägt er der kosmischen Hintergrundstrahlung ein Muster auf, das nur schwer von jenem zu unterscheiden ist, das durch die Inflation im frühen Universum zustande kommen sollte.

Ähnlich wie SPUD/Keck beobachtet das BICEP-Teleskop ganz in der Nähe des MAPO im Dark Sector Lab (DSL) den kosmischen Mikrowellenhintergrund. Es ist nicht ungewöhnlich, dass Wissenschaftler ähnliche Experimente gleichzeitig betreiben. In der Regel sind die Experimente aber auf unterschiedliche Aspekte eines bestimmten Beobachtungsgebiets spezialisiert, sodass sich ihre Messergebnisse gut ergänzen. Das heutige BICEP3-Teleskop ist so empfindlich wie die fünf SPUD/Keck-Empfänger zusammen, misst aber nur bei einer Frequenz, SPUD/Keck dagegen bei mehreren. Zu diesen beiden kommt noch das South Pole Telescope (SPT), das ebenfalls Strahlung im Mikrowellenbereich empfängt. Es ist so ausgelegt, dass es sich besser zur Beobachtung kleinerer Himmelsausschnitte, dafür aber mit höherer Auflösung eignet, während SPUD/Keck und BICEP größere Himmelsareale abscannen können.

Im März 2014 schlugen Neuigkeiten von BICEP2 große Wellen. In Beobachtungen aus den Jahren 2010 bis 2012 hatten die Wissenschaftler Spuren in der kosmischen Mikrowellenstrahlung entdeckt, die wie die ersehnten »Fingerabdrücke« der Inflation aussahen. Wissenschaftler geben ihre Ergebnisse immer im Rahmen einer gewissen Unsicherheit an, und gerade bei diesen speziellen Messungen können viele verschiedene Einflüsse die Ergebnisse verfälschen. Das hatte man natürlich berücksichtigt, die Beobachtungen unter anderem mit den Messungen von SPUD/Keck abgeglichen, und war daher zunächst relativ zuversichtlich, dass man tatsächlich das langersehnte Signal entdeckt hatte.

Doch schon ein halbes Jahr später zerfielen die Ergebnisse im wahrsten Sinne des Wortes zu Staub. Vergleichsaufnahmen des Planck-Satelliten zeigten, dass die Signaturen in der Hintergrundstrahlung einen anderen Ursprung hatten – den Staub der Milchstraße.

Eine Kugelschreiberfeder für das Teleskop

Der enorme Verschleiß des SPUD/Keck-Teleskops zeigte sich an den verschiedensten Stellen. Die optischen Positionssensoren mussten auf den Bruchteil eines Millimeters genau über dem Codierband entlanglaufen. Dazu wurde eine kleine Walze mit Auflageflächen ober- und unterhalb des Bandes mit Federkraft angedrückt, und eine ausgeklügelte Mechanik hielt den Sensor immer parallel zum

Band. Alle acht Sensoren präzise einzustellen, war eine äußerst undankbare und zeitaufwendige Prozedur. Eine grüne LED signalisierte ein gutes Signal an dieser Positionierung, aber das musste auch für die 400 Grad gelten, die sich das Teleskop parallel zum Horizont bewegen konnte. Schon bald wichen die Sensoren wieder von der Idealposition ab und zeigten Fehler an. Die Walzen hatten sich abgenutzt, die Kugellager blockierten und die Positionssensoren kamen zu nahe an das Codierband. Im schlimmsten Fall zerkratzten sie es, und das ganze Band musste ausgetauscht werden. Um das zu verhindern, fertigte unser Werkzeugmechaniker etliche neue Walzen aus verschiedenen Materialien an. Denn während der Anfangsphase des Teleskops 2011 hatten wir dafür nur ganz wenige Ersatzkugellager, man hat ja in dem Jahrzehnt davor auch nie welche gebraucht.

Doch was wir auch probierten, wir konnten die Ursache für die schnelle Abnutzung der Walzen nicht finden. Der Anpressdruck, den die kleinen Federn ausübten, schien eigentlich nicht zu stark, die Positionssensoren ließen sich mit minimalem Kraftaufwand anheben. Im nächsten Winter wollte ich aber doch einmal nachmessen. Dafür musste ich zunächst eine Federwaage bauen, da nichts dergleichen vorrätig war. Es stellte sich heraus, dass der Anpressdruck doch erstaunlich hoch war. Nach etwas Experimentieren fand ich heraus, dass zwanzig Prozent des Drucks ausreichten, um die Walzen im richtigen Abstand zum Codierband laufen zu lassen. Allerdings hatten wir keine weicheren Federn. Wieder einmal war Improvisation gefragt: Ich trieb ein paar Kugelschreiberfedern auf, die, ein wenig gekürzt, die Kriterien einigermaßen erfüllten. Und siehe da, das Problem war gelöst. Nun mussten wir die Walzen nicht mehr wöchentlich austauschen, sie hielten jetzt für den Rest des Winters. Unser Multimillionen-Dollar-Teleskop lief also wieder – mit Kugelschreiberfedern! Für das nächste Jahr bestellte ich gleich eine ganze Anzahl an Federn mit verschiedenen Federkonstanten, um das Ganze noch zu optimieren.

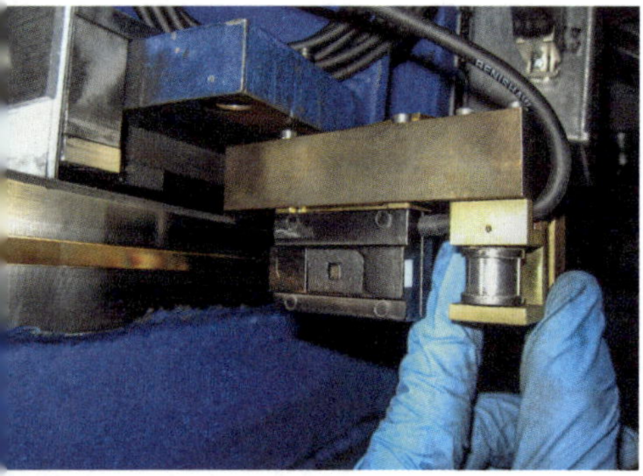

Die Positionssensoren mit den kleinen Walzen, die uns so viele Probleme bereiteten

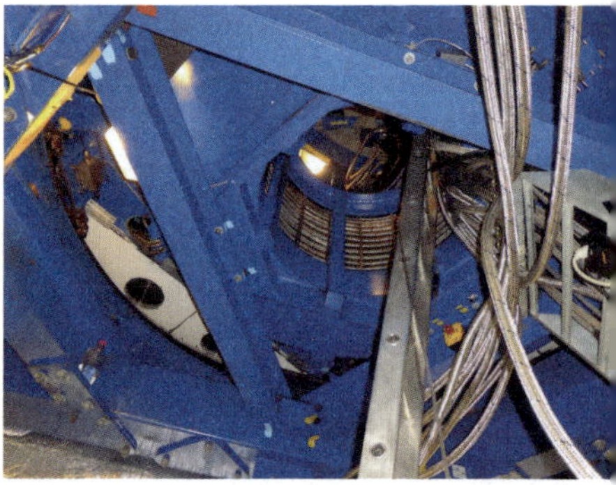

Die Teleskopschiene mit einem der Teleskoproller (links), und Aufgang zum oberen Teil des Teleskops

Über die Jahre nutzten sich außerdem die vier großen Roller, die das Teleskop auf der Schiene entlanggleiten ließen, ab. Den Metallabrieb, der sich dabei auf der Schiene ansammelte, fingen wir mit zwei Magneten auf, die wir jeweils vor und hinter jedem Roller installierten. Einmal pro Woche säuberte ich die Magneten mit einem speziellen Staubsauger. Aus purer Neugier wog ich den Beutel am Ende der Saison und kam pro Winter auf sage und schreibe 500 Gramm. Durch den ungleichmäßigen Verschleiß lief das Teleskop nicht mehr rund, und das Getriebe wurde durch die ungleich verteilte Last zerstört. In einem späteren Winter verbrauchten wir drei Getriebe, es wurde also wirklich Zeit, die Teleskoproller auszutauschen.

Überhaupt gab es immer etwas zu basteln und zu improvisieren, nicht nur am Teleskop, sondern insbesondere auch bei den medizinischen Geräten. So versagte beispielsweise in einem meiner ersten Winter das alte Röntgengerät. Auch hier suchten wir tagelang nach dem Fehler: Die Zeitsteuerung funktionierte nicht mehr, weil ein Elektrolytkondensator ausgetrocknet war. Auch das eine Folge der extremen Trockenheit am Südpol. Einen baugleichen Kondensator hatten wir nicht vorrätig, bekamen das Gerät aber mit Kondensatoren ähnlicher Werte wieder zum Laufen. Die Belichtungszeit kalibrierten wir neu an Fisch und anderem Getier aus dem Tiefkühllager, was auch seine Zeit in Anspruch nahm, da die Aufnahmen damals noch in der Dunkelkammer entwickelt werden mussten. Aber immerhin funktionierte unser Röntgengerät wieder.

Leben im MAPO

MAPO war das Zuhause aller Experimente, die ich in meinen fünfzehn Wintern betreute. Seit ich für die Mikrowellenexperimente zuständig war, spielte sich auch ein Großteil meines Lebens im MAPO ab. Das Erdgeschoss mit der umfassenden Werkstatt war das Reich des Werkzeugmechanikers, der erste Stock gehörte mir und den Teleskopen. Vor allem bei SPUD/Keck verbrachte ich viel Zeit im Labor und schlief in der Regel jede zweite Nacht dort draußen. Über der Elektronikecke war ein Hochbett angebracht, zu dem man über Stuhl, Schreibtisch und Regal hinaufklettern konnte. So war ich immer nah am Geschehen, wenn mich das Teleskop brauchte, was relativ häufig vorkam. Auch hatte ich hier eine Echtzeit-Aurorakamera installiert, die mir die Aktivität am Himmel anzeigte, und bei guten Polarlichtern war ich vom Labor aus sofort draußen.

Da keines der Außengebäude an die Wasserversorgung angeschlossen ist, mussten wir alle zwei Wochen von der Station Wasser in Kanistern mit dem Schneemobil herbeischaffen. Im Winter hatten wir ein eigenes Skidoo im MAPO geparkt, das in erster Linie für Notfälle gedacht war, aber eben auch für die gelegentlichen Versorgungsfahrten, auf denen wir dann auch immer den Abfall mit zur Station nahmen. Die menschliche »Getränkerückgabe« ging in ein großes Fass, für die übrigen Ausscheidungen nutzen wir ein Holzgestell mit Klobrille über einem Eimer mit Tüten. Beides wurde eingefroren und später mit dem übrigen Abfall in die USA verschifft.

MAPO-WC ohne »W«

»The Rack« –mein Bett im MAPO

Wiener Schnitzel auf der Fräse im Shop

In der kleinen Küche, Milkshake nach MAPO-Art

Bayerische Brotzeit

Der SPUD-Kontrollraum, mit unzähligen Monitoren für Teleskop, PC und Aurora-Vorhersage

Wir hatten auch eine Mini-Küche mit Wasserkocher, Kühlschrank, Toasterofen und Mikrowelle. Von der Station nahmen wir Essen in Tupperdosen mit, und wenn uns einmal etwas besonders gut schmeckte, froren wir davon auch gleich noch ein paar weitere Portionen ein. Für kleinere Gerichte eignete sich der Wasserkocher: Neben Weißwürsten, Eiern und Suppen gelangen darin sogar Spaghetti. Einmal in der Woche pflegten der Werkzeugmechaniker und ich ein kleines Ritual und gönnten uns weichgekochte Eier und frisch aufgetaute Brezen. Ab und zu gab es statt der Eier Weißwürste, aber davon war der Vorrat natürlich nicht so groß.

Außerdem hatten wir in der Küche immer eine große Auswahl an Keksen, Tee und was der Stationsvorrat sonst noch hergab, parat, sodass jeder, der in den Dark Sector kam und sich aufwärmen wollte, auch etwas Proviant vorfand. Es ließ sich also ganz gut im MAPO aushalten, und es war auch das einzige Labor, das so wohnlich war.

Trotz der Kälte ist Speiseeis am Südpol immer sehr beliebt. Einmal freuten wir uns riesig über eine Lieferung Vanilleeis, die mit einem der letzten Flugzeuge vor dem Winter eingetroffen war. Doch als wir die Palette auspackten, zeigte sich, dass die Deckel der Elfeinhalb-Liter-Eimer aufgequollen waren. Der Koch befürchtete, dass sie auf dem Transport angetaut waren und verdorben sein könnten. Beim USAP in Denver entschied man daraufhin, dass wir das Eis nicht essen durften, sondern entsorgen mussten. Endlich gab es einmal Vanilleeis – und wir sollten es wegschmeißen! Der Koch war sich der Lage bewusst und platzierte den ausrangierten Eisvorrat auffällig-unauffällig neben dem Abfall. Sobald das bekannt war, zogen wir natürlich los und jeder sicherte sich einen Eimer. Ein kurzer Test ergab: Es schmeckte einwandfrei und verursachte keine gesundheitlichen Probleme, und so hatten wir auch noch unsere eigene Eiscreme im MAPO.

Dabei muss man durchaus vorausschauend planen, wenn man am Pol Eis, das draußen gelagert wird, verzehren will. Bei diesen

Die MAPO-Besatzung

Temperaturen ist Speiseeis steinhart. Lässt man es nicht mindestens zwei Stunden vorab bei Zimmertemperatur stehen, hat man keine Chance, an die Köstlichkeit heranzukommen. Da halfen dann nur noch Hammer und Meißel, und der ein oder andere Löffel hat sich dadurch schon sehr verbogen. Reichte einmal die Zeit nicht zum Antauen, steckten wir das Eis kurzerhand in die Mikrowelle.

Polarlichtfotografie

In meinen ersten Wintern 1997 und 1998 gab es noch keine digitalen Kameras. Ich hatte ein paar analoge Canon-35-mm-Kameras dabei und über hundert Rollen Fujichrome-Diafilm mit einer Empfindlichkeit von 100 ASA. Im Dome gab es damals noch eine kleine Dunkelkammer, in der wir unsere Diafilme selbst entwickeln konnten. Bei diesem E-6-Prozess musste die Temperatur des Entwicklerbades nur auf ein halbes Grad genau eingehalten werden, was einigermaßen machbar war. Chemikalien waren zum Glück ausreichend vorhanden,

Starker Polarlichtausbruch über MAPO

Die Polarlichtausbrüche dauern oft nur ein paar Minuten …

… wenn man nicht zur richtigen Zeit draußen ist, ist das Beste schon vorbei

Eine Krone oder Corona, wenn die Polarlichter direkt über einem sind

Blaue oder violette Polarlichter, hervorgerufen durch Stickstoffmoleküle in großen Höhen, die noch von der Sonne beschienen werden

Die meisten Aufnahmen entstanden bei 6400 ISO, f2.8 und ein paar Sekunden Belichtungszeit

Oft schimmert der Schnee im Grün der Polarlichter, die häufigste und stärkste Farbe (im Vordergrund sieht man das ICL)

Die Polarlichter erstrecken sich oft über den gesamten Himmel …
diese Sequenz ist innerhalb von ein paar Minuten aufgenommen

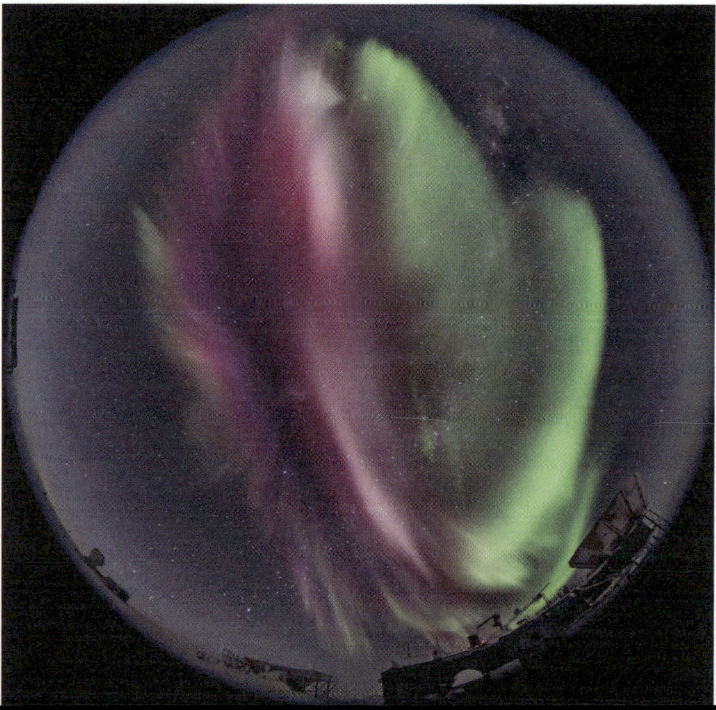

Immer wieder erstaunlich, wie schnell sich die Struktur verändert

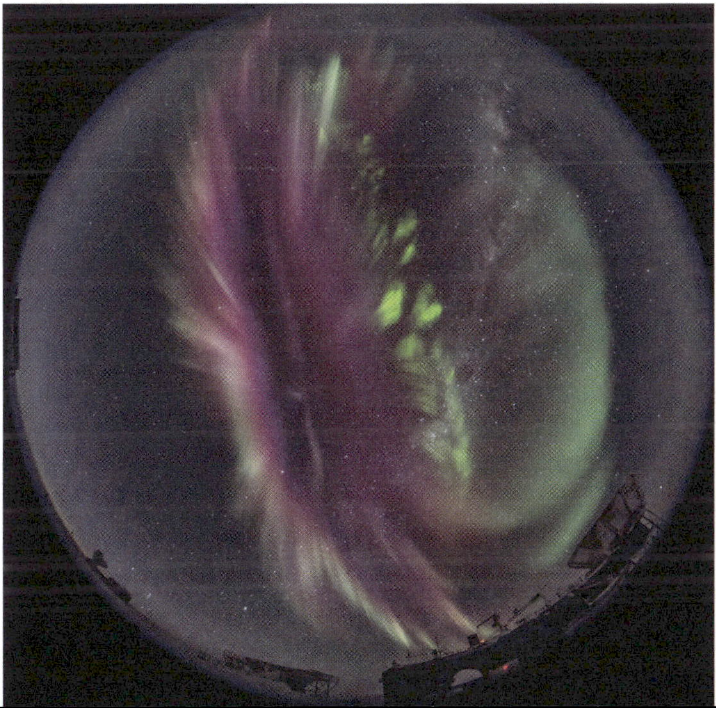

Blaue oder violette Polarlichter, hervorgerufen durch Stickstoffmoleküle in großen Höhen, die noch von der Sonne beschienen werden

Ein Polarlichtvorhang von Horizont zu Horizont

Typische Aurora, oben rot und unten grün

Polarlichtsturm

Der zeremonielle Südpol unter den Auroras

Ein Polarlichtausbruch über der neuen Station mit »beer can«

Der Mond erhellt zusätzlich zu den Polarlichtern wieder das Polarplateau

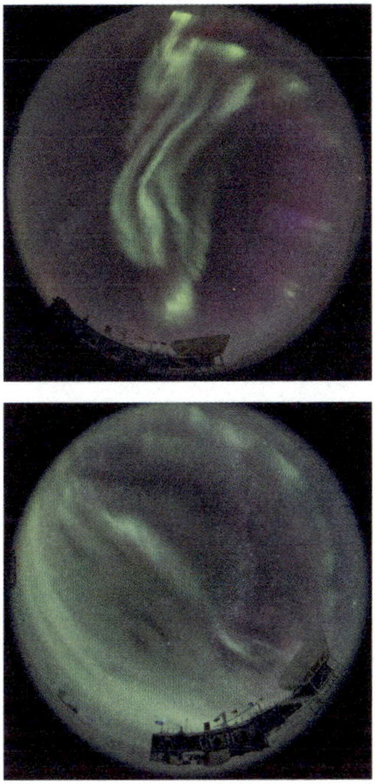

Allsky-Aufnahmen verschiedener Polarlichter, die sich teilweise über den gesamten Himmel erstrecken

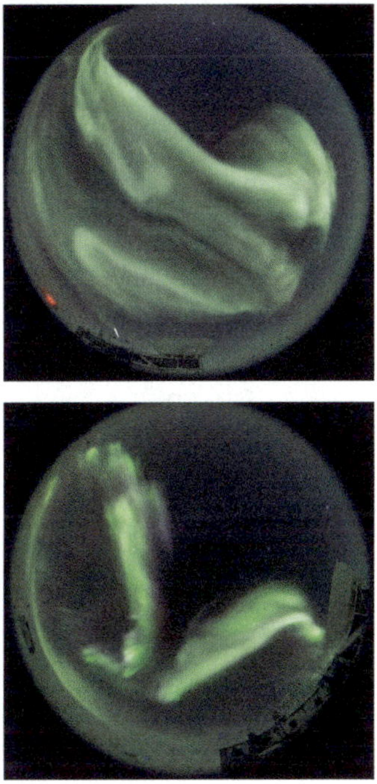

Polarlichtsequenz über MAPO

Am geografischen Südpol (18.06.2017)

Sirius, der hellste Stern am Nachthimmel (links), im Winter auch in Deutschland sichtbar

Strichspuren, verursacht von Satelliten, die über den Pol fliegen

Der Mond stört die Betrachtung wieder etwas, nur die helleren Auroras kommen zur Geltung

Das schier unglaubliche Schauspiel am Himmel ist immer wieder faszinierend

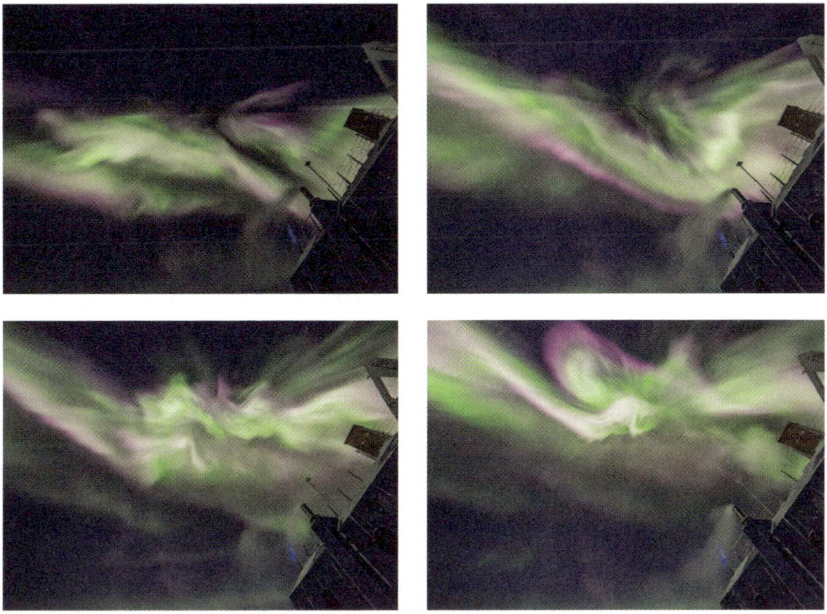

Starker Polarlichtausbruch (14.08.2017)

Ich freue mich immer wieder über die Polarlichter

Der Haupteingang der neuen Station im grünen Licht der Auroras

Ausblick aus MAPO

Groundhandling unter den Polarlichtern, auch diese Aufnahmen erforderten einiges an Bastelei für einen fernausgelösten Blitz als Stirnlampe

und ich experimentierte viel mit Entwicklungszeit und -temperatur, bis das Ergebnis optimal war.

Das war auch essenziell für meine Polarlichtfotografie. Vor allem bekam ich so direkt ein Feedback darüber, welche Belichtungszeiten sich für die unterschiedlichen Intensitäten von Polarlichtern am besten eigneten. Hätte ich die Filme erst nach dem Winter professionell entwickeln lassen können, wäre das nicht möglich gewesen. Anfangs war ich schon zufrieden, wenn ich nur ein oder zwei gute Polarlichtbilder auf einem 36er-Film hatte. Mit der Zeit wurden dann alle Bilder gut. Für die Standardpolarlichter, wie sie relativ oft auftraten, waren drei Minuten Belichtungszeit ein ganz guter Richtwert.

Die alten Analog-Kameras hatten den Vorteil, dass sie bei der Langzeitbelichtung ohne Batterie auskamen. Allerdings setzten die extremen Außentemperaturen der Mechanik zu. Und was ich vorher gar nicht bedacht hatte: Selbst der Film wurde nach wenigen Minuten in der Kälte so hart, dass er beim Aufziehen in Stücke zersprang. Nach etwa drei Aufnahmen war Schluss. Auch hatte ich nie mehr so viele Erfrierungen an den Fingern wie durch die Polarlichtfotografie in meinen ersten Wintern. Die kleine metallene Feststellschraube des Drahtauslösers ließ sich nur mit dünnen Handschuhen bedienen, und bei diesen Minusgraden machte sich das kalte Metall im Nu schmerzhaft bemerkbar.

Eine Abhilfe musste her. Aus fünf Zentimeter dicken Styropordämmplatten baute ich eine Box, die sich elektrisch beheizen ließ. Für die etwa hundert Watt an Heizleistung war ich allerdings auf das Stromnetz angewiesen. Damit ergab sich das nächste Problem. Bei handelsüblichen Verlängerungskabeln bricht die Isolierung bei den eisigen Temperaturen innerhalb weniger Minuten, nur spezielle Teflonkabel halten der extremen Kälte stand. Auch hier bilden -50 °C eine magische Grenze: Unterhalb davon werden Plastik und Gummi spröde und brechen wie dünnes Glas, Schmierfette verwandeln sich ins Gegenteil ihrer selbst und nehmen die Konsistenz von Kleber an. So musste ich die Scharniere und Gelenke der Stative zunächst aufwendig mit Alkohol entfetten und anschließend neu mit einem speziellen Tieftemperaturfett schmieren.

Nun hielt die Kamera draußen länger durch, aber ich musste immer noch nach jedem Bild die Box öffnen und den Film aufziehen. Diesen Schritt automatisierte ich schließlich mit einem Winder, über den ich die Kamera zudem elektrisch auslösen konnte. Somit konnte ich mir einen eigenen Fernauslöser bauen und den Schalter so groß wählen, dass ich ihn auch mit meinen dicksten Handschuhen bequem betätigen konnte.

Mit der Zeit baute ich immer mehr Boxen, und andere folgten meinem Beispiel, doch wir waren nach wie vor auf die Stromversorgung der Station angewiesen. Daher nutzten wir in meinem zweiten Winter 1998 eine kleine Hütte mit Stromanschluss vor dem Dome, in der wir uns auch aufwärmen konnten. Das war wesentlich angenehmer, als für Strom und Wärme in die Motorbox des GASP-Teleskops zu klettern, wie ich es noch in meinem ersten Winter getan hatte.

Ein wahrer Segen waren später die immer besser werdenden digitalen Kameras. Zerspringende Filme, die Probleme des Entwickelns, der Drahtauslöser, all das gehörte nun der Vergangenheit an. Außerdem mögen die digitalen Sensoren die Kälte, das Rauschen reduziert sich selbst bei wesentlich höherer Empfindlichkeit, und so reichen kürzere Belichtungszeiten im Sekundenbereich. So hielt es eine solche Kamera ohne Weiteres etwa 15 bis 20 Minuten ungeschützt draußen aus, bevor der Akku den Geist aufgab.

So viele Vorteile die modernen digitalen Kameras hatten, brachten sie doch auch neue Probleme mit sich. Die Kameradisplays (LCDs oder Liquid Crystal Displays), die den Bildausschnitt und die Kameraeinstellungen anzeigen, arbeiten mit Flüssigkristallen, die bei der Kälte rasch erstarren. Dadurch versagte das Display schon nach wenigen Aufnahmen seinen Dienst. Für mehr als ein paar Testbilder, um Ausrichtung und Belichtung zu optimieren, reichte die Zeit nicht aus. Aber auch hier entwickelte ich mit der Zeit

Die analoge Kamera mit Winder und großem Schalter zum Auslösen

Die beheizten Boxen waren relativ schwer, deshalb brauchten sie eine stabile Montierung aus Rohren

Ein Teil meiner digitalen Kameraausrüstung, ein oder zwei Kameras waren den ganzen Winter über in beheizten Boxen fest installiert

Routine. Bald konnte ich zumindest die Belichtungszeit und den ISO-Wert quasi »blind« an die sich wandelnden Gegebenheiten der Polarlichter anpassen.

Display und Akku erholten sich aber schnell wieder, sobald man die Kamera ins Warme brachte. Trotz der geringen Luftfeuchtigkeit gefror diese allerdings sofort an der eisigen Kamera und am Objektiv. Tobten die Polarlichter noch und musste ich nur den Akku wechseln, wollte ich jedoch nicht warten, bis die Kamera von allein aufgetaut war, und so nahm ich ab und zu auch mal eine Heißluftpistole zu Hilfe. Erstaunlicherweise überstand, bis auf wenige Ausnahmen, meine gesamte Kameraausrüstung diese häufigen und extremen Temperaturschwankungen unbeschadet.

Über die Jahre optimierte ich die beheizten Kameraboxen immer weiter: Die alten Bimetallthermostate ersetzte ich durch elektronische, denn zu warm sollte der Sensor in der Kamera ja auch nicht werden. Für lange Zeitraffer baute ich eine Objektivheizung, damit sich kein Schnee ansammelte. Und einmal in der Box, war das Kameradisplay natürlich nicht mehr sichtbar; da half ein externes Display, das ich an die Kamera anschließen konnte. Ich entwarf auch eine vom Stromnetz unabhängige Variante, die etwas dicker isoliert war und mit zwei Ein-Liter-Flaschen siedendheißen Wassers selbst an den kältesten Tagen für etwas mehr als zwölf Stunden durchhielt. Dafür musste die Kamera wieder mit Akkus betrieben werden, die kamerainternen waren aber zu schwach. Also baute ich eigene Spannungscontroller, mit denen ich so ziemlich jeden größeren Akku, den ich auf der Station fand, benutzen konnte.

Gerade in den letzten Jahren nahm ich viele Zeitrafferfilme über 24 Stunden oder mehr auf. Der längste erstreckt sich über fast acht Monate und umfasst die gesamte Polarnacht. Dafür hatte ich den ganzen Winter eine Kamera fest auf dem Dach von MAPO installiert.

Aber auch visuell war die Aurora australis immer ein Genuss. Oft legte ich mich neben die klickenden Kameras in den Schnee und ließ

Mit digitalen Kameras war vieles einfacher, die ungeschützte Kamera hielt 15 bis 20 Minuten aus

Langzeit-Polarlichtaufnahmen mit der beheizten Box

das wunderbare Schauspiel der Natur auf mich wirken. Zwar sah man mit bloßem Auge bei Weitem nicht die Farben, die die Kameras einfingen, dafür nahm ich aber noch die kleinste Bewegung wahr, die bei längeren Belichtungszeiten verwaschen wurde.

Bei besonders starken Ausbrüchen konnte man dennoch die Farben erkennen, vor allem das Grün des atomaren Sauerstoffs. Wenn ich zwischen Station und MAPO die Flagline entlanglief, blickte ich oft zum Himmel – schon allein, um den fantastischen Sternenhimmel auf mich wirken zu lassen. Am Boden sah man nicht allzu viel und stolperte ohnehin über die Sastrugi. Manchmal überraschte

Gebannter Blick in die Polarlichter

mich aber auch ein Polarlichtausbruch, während ich meinen Blick doch einmal auf den Boden gerichtet hatte und der Schnee die Aurora reflektierte und grün aufschimmerte. So nah am Auroraoval brachen die Polarlichter oft direkt über uns aus. Dann flirrten sie über unseren Köpfen als Corona oder Krone, deren tanzende Strahlen auf einen gemeinsamen Fluchtpunkt über uns zuzulaufen schienen. Eine optische Täuschung wie bei parallelen Schienen, die in die Ferne laufen. Die Aurora allein war für mich schon Grund genug, immer wieder an den Südpol zurückzukehren, und nach den fünfzehn Wintern komme ich auf etwa eine Million Polarlichtaufnahmen.

Midwinter

Es ging auf die Wintersonnenwende zu. Am 21. Juni erreicht die Sonne ihren tiefsten Punkt unter dem Horizont; am Südpol sind das 23,5 Grad. Anschließend bewegt sie sich langsam, aber stetig wieder der südlichen Hemisphäre entgegen, bis sie drei Monate später zurück über den Horizont klettert.

Die Hälfte der langen, finsteren Wintermonate in Isolation ist geschafft. Dieser Scheitelpunkt auf dem Weg zu dem so ersehnten Ereignis, der Rückkehr des Lichts, macht Midwinter in der Antarktis zum höchsten Feiertag. Er wurde schon von den ersten Polarforschern festlich begangen. Bis sich die Anzeichen von Dämmerung bei uns am Horizont zeigen sollten, würden nichtsdestotrotz noch viele Wochen vergehen. Jenen Gemütern, die ob der andauernden Dunkelheit und Isolation gelegentlich doch ein wenig zu Trübsal neigten, standen im Juli und August noch die härtesten Monate bevor.

Anders als Sonnenaufgang und Sonnenuntergang ist das Datum der Wintersonnenwende unabhängig von der geografischen Breite auf allen Stationen gleich. Das nahmen wir zum Anlass, zwischen

AMUNDSEN-SCOTT

SOUTH POLE STATION

MID WINTER DINNER 2011

1911~2011 *CELEBRATING 100 YEARS OF DISCOVERY *

◊ APPETIZERS ◊

≈ Shrimp Cocktail ≈ Assorted Cheese Tray ≈ Stilton Blue Cheese Walnut Tarragon Dip
≈ Roasted Red Pepper Goat Cheese Pine Nut Dip ≈ Beef Pâté Maison ≈ Herb Crusted Crostinis

◊ SALAD ◊

Fresh Greens tossed with mandarin orange sections, Marinated dry cherries,
tossed walnuts with a raspberry vinaigrette

◊ ENTREE ◊

GLAZED DUCK BREAST

Duck Breast glazed with an Amaretto Blackberry Balsamic reduction and
Topped with a Blackberry Tarragon garnish

•LOBSTER & KING CRAB ENCROUTE

Lobster and King Crab meat sautéed in garlic butter topped with a champagne sauce
Served in a Pastry Shell

•STUFFED KUMARA

Seasoned Kumara stuffed with pistachios, crasins and wild rice
Topped with gruyère white wine sauce

◊ STARCH ◊

Polenta Cakes - Polenta baked with Sundried Tomatoes, Capers and Rosemary

◊ VEGETABLES ◊

Broccoli, Cauliflower, Artichoke Hearts and Mushrooms
sautéed in olive oil and lightly seasoned

◊ DESSERT ◊

≈ Crème Brûlée ≈ Plum Pudding ≈ Sticky Toffee Pudding ≈ Napoleons, ≈ Chocolate Mousse
≈ Mixed Berry Pie ≈ Candied Almonds ≈ Assorted Cookies ≈ Tea Cookies ≈ Rustic English Bread

WILL WATKINS – WINTER SOUS-CHEF ≀ BRYAN DENHAM – PRODUCTION COOK ≀ JEREMY GEPNER – PRODUCTION COOK ≀ JOHN BURKART – BAKER AND PURVEYOR ≀ ASHLEY SN – PREP COO

Menü Midwinter-Dinner 2011

Midwinter-Grüße der anderen Stationen

den Stationen Midwinter-Grüße auszutauschen, traditionell verbunden mit einem Foto der gesamten Stationsbesatzung. In die Galley hängten wir eine große Karte des Kontinents, platzierten die Fotos außen herum und zogen Wollfäden zum Standort der jeweiligen Station. Auf etlichen Fotos war die Winterbesatzung im Tageslicht zu sehen, denn auf den viel weiter nördlich gelegenen Stationen herrschte keine Polarnacht.

Es trudelten auch Grüße aus Denver ein, und sogar der amerikanische Präsident ließ es sich nicht nehmen, alljährlich einen Brief an die Winterbesatzung der Amundsen-Scott-Station zu schreiben und seine Anerkennung für unseren Einsatz zum Ausdruck zu bringen. Und natürlich gab es immer eine große Party und vor allem das legendäre Midwinter-Dinner. Dabei tischten die Köche auf, was immer die Vorräte hergaben. Es war jedes Mal wieder erstaunlich,

Die festlich eingedeckte Galley, Midwinter Dinner 2006 und Midwinter Dinner 2015

Hausgemachte Nachspeisen zu Midwinter 2019

Köstlichkeiten zu Midwinter 2012 mit Krabbenspieß und Hummerschwanz

Mitten im Winter gibt es noch Salat, das Gewächshaus macht es möglich

welche Gaumenfreuden sie auf das Buffet zauberten. Glücklicherweise hatte ich selbst nie mit dem Winterblues zu kämpfen, doch spätestens beim Anblick und Genuss all dieser Köstlichkeiten wäre er sicher verflogen.

Zu diesen Midwinter-Dinners luden wir uns zwischen den Stationen gegenseitig ein – symbolisch, versteht sich. Unser nächster Nachbar war knapp 1400 Kilometer entfernt, und um diese Jahreszeit ist es praktisch unmöglich, über den Kontinent zu reisen. Dennoch sollte diese Einladung ein Zeichen unserer Gastfreundschaft und Verbundenheit sein.

Zur Freude über all die Feierlichkeiten gesellte sich bei mir immer auch ein Gefühl der Wehmut darüber, dass die Hälfte des Winters schon vorbei war. Es würde nun nur noch zwei Monate dauern, bis der Himmel zu hell wurde, um Polarlichter zu beobachten. Zog

Das kleine Gewächshaus versorgt uns mit frischem Salat, Gurken, Tomaten und Kräutern

man die zweiwöchigen Phasen mit Mondlicht ab, blieb sogar nur noch ein Monat.

Im Gegenzug ist es auf der nördlichen Hemisphäre die Sommersonnenwende, die ich nicht mag. Denn eigentlich liebe ich lange, warme Sommertage, und von da an werden sie ja wieder kürzer. Es mag paradox klingen. Aber am Südpol fühlte es sich an wie auf einem anderen Planeten. Hier machte mir die Dunkelheit nichts aus – im Gegenteil –, und mit der Kälte konnte ich mich arrangieren. Wenn ich hier war, war ich hier und genoss Arbeit und Leben mit all ihren Freuden und Unwägbarkeiten in vollen Zügen.

Der Truthahn-Zwischenfall von 1998

Nachdem für diejenigen von uns, die auf der Nordhalbkugel zu Hause waren – und das war der Großteil der Stationsbesatzung –, Weihnachten mit der Wintersonnenwende und der eher dunkleren Jahreszeit verknüpft war, bürgerte es sich mit der Zeit ein, dass wir auch noch ein »Christmas in June« oder »Christmas in July« veranstalteten. So auch 1998, in meinem zweiten Winter auf der Station, als wir nur drei Tage nach Midwinter »Christmas in June« feierten. Ganz klassisch amerikanisch sollte es gefüllten Truthahn geben. Die 22 gefrorenen Puten, die wir vorrätig hatten, waren allerdings für Thanksgiving im November vorgesehen. Das Management wollte auch keine Ausnahme machen und uns zwei davon schon jetzt spendieren.

Dazu muss man wissen: Das amerikanische Antarktisprogramm ist organisatorisch sehr auf die Sommermonate ausgerichtet, wenn viele wichtige Manager vor Ort sind, Leute also, die etwas zu sagen haben. Zwar wurde uns Winterovern immer wieder versichert, wie wichtig unsere Arbeit und unser Engagement sei. Umso unverständlicher war es dann aber, dass manche kulinarischen Vorräte wie Vanilleeiscreme im Winter strikt rationiert wurden, damit sie auch noch für den Sommer reichten. Denn die Sommerleute verbringen höchstens dreieinhalb Monate am Südpol, und zudem ließ sich im Sommer ja Nachschub einfliegen.

Ich wusste jedoch, dass es im Old Pole noch einen gefrorenen Truthahn gab. Er lagerte dort zwar schon seit mehr als zwanzig Jahren, aber wir hatten auch schon einmal eine Ente heraufgeholt. Nach 28 Jahren eingefrorenen Daseins war sie noch einwandfrei und sehr schmackhaft; sie war ja eingeschweißt und die Kühlkette nie unterbrochen gewesen.

Kurzerhand bildete ich mit einem anderen Winterover die »Turkey Recovery Force«, und wir fuhren mit dem Pistenbully zum Old Pole. Wir parkten ein wenig abseits, alles andere wäre zu riskant gewesen, da sich in der näheren Umgebung unterirdische Aushöhlungen gebildet hatten und die Schneedecke darüber dem Gewicht des Gefährts womöglich nicht standgehalten hätte.

Im roten Scheinwerferlicht der Pistenraupe stapften wir durch den Schnee und hatten den Eingang bald gefunden. Mit Taschenlampen und Funkgeräten ausgerüstet stiegen wir in die »Katakomben« hinunter und bargen den hochbetagten Truthahn. Anders als die Ente, war der Truthahn allerdings nicht mehr verpackt. So hatte er sicher den Geschmack des in der Nähe gelagerten Kerosins angenommen. Daher war unser Plan, den alten Truthahn mit einem neuen aus dem Vorratslager auszutauschen.

Aber der Plan ging nicht ganz auf, dem Koch wurde unser Streich dann doch zu heikel. Allerdings hatte sich jemand in der Zwischenzeit bei der NSF über die mangelnde Wertschätzung seitens des Managements in Denver beschwert, woraufhin man uns nun doch zwei Truthähne für das »Christmas in June«-Dinner genehmigte. Nur war es dafür mittlerweile zu spät. Sie von -60 °C aufzutauen, hätte vier Tage gedauert, und so viel Zeit blieb nicht mehr bis zum Dinner. So gab es schließlich schlichtes Putenfleisch – und der Old-Pole-Truthahn ruhte von nun an unter seinesgleichen in der eisigen Vorratskammer des Dome.

Medevac

Im Jahr 2016 hatten wir einen Tag nach Midwinter einen Medevac, einen Evakuierungsflug wegen eines medizinischen Notfalls. Schon im Mai hatte ein Kollege einen Herzinfarkt erlitten. Es ging ihm wieder relativ gut, und wir konnten ihn auf der Krankenstation mit der hier vorhandenen Ausstattung ausreichend behandeln. Anfangs waren unser Arzt und sein Assistent dennoch sehr gefordert, der Patient musste rund um die Uhr überwacht und mit Medikamenten versorgt werden. Nachts löste ich sie für ein paar Stunden ab, damit sie selbst einmal pausieren und schlafen konnten. Mit einem Buch setzte ich mich auf den Zahnarztstuhl, während ein paar Meter weiter der Patient lag. So war ich in unmittelbarer Nähe, wenn er irgendetwas brauchte, und hatte zugleich die Geräte im Blick, die seine Vitalfunktionen aufzeichneten.

Der Patient erholte sich so weit gut, und es waren auch ausreichend Medikamente vorhanden, um ihn bis zur Öffnung der Station nach dem langen Winter zu behandeln. Daher war keine Evakuierung geplant. Hätte es jedoch einen weiteren Patienten mit Herzinfarkt gegeben, wären die Medikamente ausgegangen. Deshalb wurde ein Airdrop angesetzt, bei dem ein Flugzeug über die Station fliegen und vorsorglich Medikamentennachschub an einem Fallschirm abwerfen sollte.

Als dann aber Anfang Juni eine Patientin mit Verdacht auf Darmverschluss hinzukam, entschloss sich die NSF, doch einen Medevac durchzuführen und beide auszufliegen. Denn ein Darmverschluss kann schnell lebensbedrohlich werden und eine Operation wäre mit den hier verfügbaren Mitteln nicht möglich gewesen.

Der logistische Aufwand für eine Evakuierung mitten im Winter ist enorm. Überhaupt werden Medevacs erst seit 2001 durchgeführt. Zuvor gab es ausschließlich Airdrops mit Medikamenten oder zusätzlicher Notfallausrüstung, wie im Jahr 1999 für eine Brustkrebspatientin oder auch 2011.

Die einzigen Flugzeuge, die für einen solchen Einsatz in Frage kommen, sind die unverwüstlichen Twin Otter. Sie sind gewöhnlich in Kanada stationiert und sehr gut motorisiert, haben aber keine allzu große Reichweite. Es brauchte mindestens zwei Wochen Vorlauf, um zwei Twin Otter von Kanada nach Punta Arenas im Süden Chiles und von dort aus weiter über die Drake-Passage nach Rothera und schließlich eine davon zum Südpol zu fliegen. Die zweite blieb als Back-up in Rothera, für den Fall, dass die erste es nicht zum Südpol schaffte und die Flugzeugbesatzung ihrerseits

Vorbereitung der Landebahn

Das Betankungssystem muss wieder aufgebaut werden

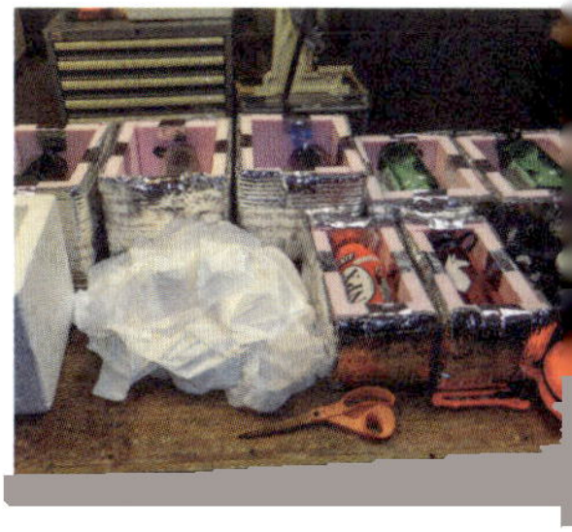

Boxen für die Blinklichter der Landebahnbefeuerung

Die »Burn Barrels« werden mit einem Schweißbrenner angezündet

Ausbringen der Blinklichter zur Landebahnmarkierung

Sicher gelandet

Entladen und Motoren einpacken ...

... Alle helfen zusammen

Mit Kerosin betriebene Heizlüfter halten die Motoren und Elektronik warm

evakuiert werden musste. So eine Mission ist selbst heute noch extrem riskant.

Auch am Südpol ist der Aufwand für eine Evakuierung groß. Während die Twin Otter unterwegs waren, war die gesamte Wintercrew gefordert. Die Landepiste musste mit Raupen großflächig von Schneeverwehungen befreit und eingeebnet, die Maschinen dazu aber erst einmal aus ihrem Winterlager hervorgeholt und betriebsbereit gemacht werden.

Der härteste Job war es, das Betankungssystem vorzubereiten. Damit sie die Strecke von Rothera zum Südpol überhaupt zurücklegen konnte, war die Twin Otter mit einem zusätzlichen Tank ausgestattet, der fast die Hälfte der Flugzeugkabine ausfüllte. Denn im Winter besteht, anders als im Sommer, keine Möglichkeit für einen Tankstopp unterwegs. Für den Rückflug musste die Twin Otter hier wieder betankt werden. Dafür errichteten wir nahe der Landebahn ein kleines Tanklager mit vorgewärmtem Kerosin. Sämtliche dafür notwendigen Gerätschaften sind im Winter eigentlich eingemottet, die Schläuche steif gefroren. All das musste erst einmal aufgewärmt und zum Laufen gebracht werden.

Als Markierung der Landebahn dienten »Burn Barrels«, Feuer in mit Holz und Kerosin befüllten halbierten Ölfässern, die wir längs der Landebahn auf der windabgewandten Seite platzierten. Es war ja dunkel und gab keinerlei elektronische Anflughilfen. Um die Mitte der Landepiste zu markieren, konstruierte ich noch ein Lichtleitsystem. Noch vor »Station Closing« hatte ich für meine nach dem Ende der Wintersaison geplanten Segeltörns in Neuseeland im Internet leuchtstarke Stirnlampen bestellt, die sich nun auch am Südpol vor allem dank ihrer Blinklichtfunktion als sehr nützlich erweisen sollten. Wie schnell batteriebetriebene Elektronik bei extremer Kälte versagt, wusste ich dank meiner Erfahrung mit der Polarlichtfotografie nur zu gut. Also bastelte ich, ähnlich wie schon für meine Kameras, Thermoboxen aus Styropor, die ich mit Plastikflaschen, befüllt mit heißem Wasser, beheizte. Auch hier funktionierte der Trick ausgesprochen gut: Unpräpariert fielen die Blinklichtlampen schon nach zwanzig Minuten aus, aufgewärmt leuchteten sie zuverlässig über mehrere Stunden. So würden wir die Piste mit ausreichend zeitlichem Vorlauf für die Landung markieren können, und die Beleuchtung würde sogar mehrere Landeversuche überdauern, sollte dies aufgrund der Witterung nötig sein. Um die Leuchten diffuser und damit größer erscheinen zu lassen, stülpte ich noch weiße Plastikmüllbeutel darüber.

Das Lichtleitsystem funktionierte einwandfrei, und auch sonst waren die Bedingungen ideal: -63 °C, kaum Wind, klarer Himmel und der Halbmond über dem Horizont.

Trotz der extremen Bedingungen war der zehnstündige Flug von Rothera für die beiden Piloten recht eintönig. Um die Zeit zu überbrücken und sich wach zu halten, fingen sie an, a cappella *The Lion Sleeps Tonight* zu singen. Allerdings gestanden sie uns später, nur die ersten Zeilen zu kennen: »Weeheeheehee dee heeheehee-hee weeoh aweem away / Weeheeheehee dee heeheeheehee weeoh aweem away.« Das aber gaben sie über einige Stunden zum besten. Allein schon deshalb war der Flugingenieur in der Kabine froh, als sie endlich ankamen.

Die Twin Otter landete sicher am Südpol. Während das Flugzeug parkte und die Piloten ihre vorgeschriebene zehnstündige Ruhepause einlegten, sammelten wir die Lichter ein, um die Batterien aufzuladen und sie wieder für den Abflug vorzubereiten.

Die dramatische Rettungsaktion blieb auch der Weltöffentlichkeit nicht verborgen. Tiefer im Winter hätte der Medevac nicht sein können. Es hat schon seinen Grund, warum der Südpol zwischen Februar und Oktober gewöhnlich nicht angeflogen wird. Es war der erste und bisher einzige Medevac um Midwinter, die beiden anderen fanden im April beziehungsweise bei Sonnenaufgang statt.

Doch die Vorbereitungen und der Medevac selbst waren reibungslos verlaufen, auch dank der beherzten Unterstützung der gesamten Winterover-Crew. Anstatt der üblichen vierzehn Tage

Vorlaufzeit stellten wir sogar einen Rekord von nur zehn Tagen auf. Die beiden Patienten kamen gut in Punta Arenas an und wurden medizinisch versorgt. Der Darmverschluss stellte sich zum Glück als falscher Alarm heraus, und auch dem Herzpatienten ging es bald wieder besser.

Airdrop, Weißwürste und Gummibärchen für den Südpol

Noch mitten im Winter wird McMurdo für eine Woche von einer C-17 angeflogen, mit dem sogenannten Winfly (Winterflug). Bis 1995 gab es dann im August auch regelmäßig einen Airdrop über dem Südpol, bei dem ein Flugzeug an einem Fallschirm ein paar Paletten Ladung abwarf: Freshies, Post und dergleichen. Was als Moralbooster gedacht war, hatte manchmal aber auch den gegenteiligen Effekt. Dann nämlich, wenn jemand auf diesem Weg die Scheidungspapiere bekam.

Aus Kostengründen wurden die Airdrops dann eingestellt. Aber da man im Notfall darauf zurückgreifen musste, wurden sie jeden Sommer einmal geübt. Durch die vielen mechanischen Probleme der alternden Hercules-Flotte waren wir in den letzten Jahren mit den Lieferungen immer etwas hinterher, und so hofften wir, dass sich dank des Airdrops die Lage etwas entspannen würde. Doch jedes Mal wurden wir aufs Neue enttäuscht: Statt dringend benötigtem Material oder Lebensmitteln wurde entweder Sand oder geschreddertes Papier abgeworfen, da die Paletten ein gewisses Gewicht brauchten, um den Abwurf richtig zu simulieren. Das musste dann wieder als Abfall vom Südpol weggeschafft werden.

Bei dem Notfall-Airdrop im Winter 2011 war die Palette nicht schwer genug, da wir ja nur ein paar Medikamente brauchten, und so hat man in McMurdo kurzerhand noch Post und Pakete, die

Carepaket und alles, was noch ins Gepäck gepasst hat

dort schon für den Südpol warteten, mit dazugepackt, allerdings keine Freshies. Die Flugzeugbesatzung erbarmte sich aber und befestigte noch ein Netz Orangen. So kam ich mitten im Winter zu ein paar Kleidungsstücken, die ich vor dem Sommer gar nicht erwartet hatte. Ein anderer freute sich über DVDs, die er erst ein paar Wochen zuvor bestellt hatte. Das war natürlich eine schöne Überraschung.

Ja, selbst am Südpol konnten wir online bestellen. Die Artikel wurden per Post nach Kalifornien geschickt und dort in das US-Militärpostsystem eingeschleust. Porto war also nur bis Kalifornien fällig, danach ging es kostenlos weiter bis zum Südpol. Das klappte natürlich nur im Sommer, wenn Flugzeuge aus McMurdo kamen. Und selbst dann hatte Post die geringste Priorität und wurde nur befördert, wenn noch Ladekapazität frei war.

Neben Freshies war Post das Highlight schlechthin. Über die Lautsprecher machte die frohe Kunde schnell die Runde. Wer konnte, eilte zum Stationseingang, und wir bildeten eine Menschenkette, um die Ladung möglichst schnell ins Warme zu bringen. Die kürzeste Zeit, die ein von mir bestellter Artikel von den USA bis zum Südpol brauchte, waren zehn Tage. Das war aber die absolute Ausnahme. Bestellte man zum Ende des Sommers, traf die Lieferung oft erst im nächsten Sommer ein, also nach zehn Monaten.

Für Alkohol war auf der Station immer reichlich gesorgt, doch der interessierte mich nicht. Aber Milch ging mir ab, es gab nur Milchpulver. Die H-Milch, die es anfangs noch ab und zu in dem kleinen Shop zu kaufen gab, war schon ein Geschmackserlebnis. Als dann aber keine H-Milch mehr geordert wurde, musste ich die Sache selbst in die Hand nehmen. Sobald ich nach dem Winter in Neuseeland ankam, kaufte ich etwa achtzig Liter H-Milch und ein paar andere Kleinigkeiten und schickte sie direkt zum Pol, wo sie bei meiner Rückkehr zweieinhalb Monate später bereits auf mich warteten.

Ich beauftragte auch meine Mutter, immer im September ein Paket zum Pol zu schicken. Das ging ebenfalls erst einmal nach Kalifornien und von dort aus weiter hierher. Darin: Schokolade in allen Variationen, Gummibärchen und viele andere Süßigkeiten – mehr als ich essen sollte. Aber einen Großteil davon verschenkte ich als kleines Dankeschön. Und gute Schokolade war ohnehin die beste Währung hier unten. Wenn man einmal irgendetwas schneller als üblich benötigte, verfehlten ein paar Tafeln in der Logistik nie ihre Wirkung. Das Carepaket aus der Heimat enthielt auch bayerische Schmankerl, die jedes Jahr ihren Weg zum Pol fanden – süßer Senf und Weißwürste, zwar in der Dose, aber irgendwo musste man Abstriche machen.

Die Sache mit den Weißwürsten begann eigentlich schon in meinem ersten Südpoljahr. Vor meinem ersten Winter bekam ich unerwartet ein Carepaket mit zwei Dosen und Weißwurst-Senf. Was aber fehlte, waren die Brezen. Ein Rezept musste her. 1997 steckte das Internet noch in den Kinderschuhen, aber über einen Kommilitonen, der vor dem Physikstudium eine Lehre als Bäcker gemacht hatte, kam ich per E-Mail an eine Backanleitung. Wir hatten alle Zutaten vorrätig, bis auf die charakteristische Natronlauge. Meine Versuche, sie aus Kochsalzlösung mittels Elektrolyse selbst herzustellen, schlugen fehl. Das sollte mir in meinem nächsten Winter nicht mehr passieren. Mein Bruder, Chemiker von Beruf, organisierte mir zwei Kilogramm Natriumhydroxid, ohne jedoch zu ahnen, wie viele Jahre ich hier noch verbringen würde. Der Vorrat reichte fast bis zum Ende meiner Südpolzeit, obwohl ich über all die Jahre alle paar Wochen knapp hundert Brezen backte. Aber ich benötigte ja jeweils nur eine dreiprozentige Lösung. Die Brezen waren sehr gefragt. Dreißig davon reservierte ich fürs MAPO und fror sie dort ein.

4th of July

In die verschiedenen Feierlichkeiten im tiefsten Winter reihte sich auch der amerikanische Nationalfeiertag am 4. Juli ein. Ein großes Feuerwerk veranstalteten wir verständlicherweise nicht, aber in meinem ersten Südpoljahr taten ein paar abgelaufene Signalraketen, die wir für Notfälle vorhielten, gute Dienste. Und was wäre der 4th of July ohne Barbecue oder zumindest ein Lagerfeuer?

In meinen ersten Jahren, als wegen der medialen Abgeschiedenheit noch nicht so viel an die Außenwelt drang, war das Leben in der Antarktis noch etwas wilder. Etwas abseits der Station deponierten wir einen zwei Kubikmeter großen Karton mit Holzabfällen, die zu entfachen uns aber selbst mit einigen Litern Kerosin nicht gelingen wollte. Da kam die Signalpistole ins Spiel. Bei direktem Beschuss wären die Leuchtkugeln nur abgeprallt, also versuchten wir im weiten Bogenschuss, den Karton zu treffen. Nach etlichen Fehlversuchen war unser Vorrat an Flares erschöpft. Was nun? Einer der Handwerker schaffte es schließlich, das Holz mit einem Lötbrenner anzuzünden. Endlich loderten die Flammen!

4th of July 1997 mit kleinem Lagerfeuer

Eingehüllt in unsere Polarklamotten drängten wir uns um das Feuer. Am Rücken war es immer noch eisig kalt, aber vorne mollig warm. Fast zu mollig. Durch die gute Isolation der Kleidung bemerkten einige zunächst gar nicht, wie nah sie dem Feuer gekommen waren. Erst als die Hitze die Scheiben ihrer Skibrillen verformte, schreckten sie zurück.

Ein Feuer zu machen, war natürlich nicht im Sinne der NSF. Aber es brannte ein Loch in den Schnee, und die Mulde mit den verkohlten Überresten war schnell wieder mit Schnee gefüllt. So ließen sich sämtliche Spuren unserer Eskapade leicht beseitigen.

Mit dem Aufkommen der sozialen Medien waren solche Aktionen nicht mehr so gut geheim zu halten und wurden in den Folgejahren immer seltener. Anfang der 2000er Jahre brannte das letzte 4th-of-July-Feuer am Südpol. Unser Stationsmanager teilte uns bei einem der regelmäßigen All-Hand-Meetings für die ganze Stationsbesatzung mit, dass ein großer Scheiterhaufen aufgetürmt werde, er dort aber keine Kamera oder dergleichen sehen wolle.

Ein paar Wochen vor dem Feuer fand ich eine kaputte Digitalkamera und hatte die Idee für einen kleinen Scherz, um seinen Worten Nachdruck zu verleihen. Ich entfernte Batterie und Elektronik und präparierte den Kameragurt so, dass er leicht reißen würde. Als es so weit war, gab ich vor, ein paar Bilder zu knipsen. Erbost riss der Stationsmanager mir die Kamera vom Hals und warf sie in die Flammen. Das verfehlte seine Wirkung nicht – die anderen Winterover standen mit offenen Mündern da. Dass er es so ernst meinte, hatten sie nicht erwartet.

In den letzten Jahren beschränkten wir uns dann auf Hufeisenwerfen oder andere Geschicklichkeitsspiele und ein Barbecue in der Garage, mit Spanferkel, Hot Dogs und Hamburgern. Einer der Mechaniker baute sogar eine Zuckerwattemaschine.

Winter Film Festival und Radio-Darts

Anfang August findet seit 2009 das WIFF statt – das WInter Film Festival. Die meisten Antarktisstationen beteiligen sich daran. Man bekommt fünf Vorgaben: Gegenstände, eine Person, eine Redewendung, ein Geräusch. Dann waren 48 Stunden Zeit, um ein fünfminütiges Video zu drehen, in dem diese Dinge eingearbeitet sind. Anschließend stimmten alle Stationen über den besten Film in Kategorien wie bester Schnitt, beste Handlung oder beste Einarbeitung der Vorgaben ab. So entstanden in den letzten Jahren einige beeindruckende Werke, und gleichzeitig lernten wir auch die anderen Stationen etwas besser kennen.

In meinen ersten Wintern gab es noch einen anderen Zeitvertreib. Radio-Darts: Wir hatten eine Dartscheibe in Comms und spielten gegen andere Stationen. Die Ergebnisse wurden per Funk übermittelt. Natürlich gab es dabei einen gewissen Ehrenkodex, denn man konnte die Scheibe des Gegners ja nicht sehen. Nachdem

Manchmal kann man die Sterne vor lauter Auroras kaum sehen

Die beiden Magellan'schen Wolken (links), das stets prominente Kreuz des Südens (rechts); und immer wieder begeistern Polarlichter

wir das einen Winter lang jeden Freitag gespielt hatten, erzählte uns die Mannschaft einer der anderen Stationen, dass sie jetzt im Sommer endlich ihre Dartscheibe bekommen würde – wie sie bisher zu ihren Ergebnissen kam, verriet sie uns allerdings nicht.

Amateurfunk

Bevor es Internet gab, war Funk die einzige Möglichkeit, mit der Außenwelt in Kontakt zu treten. Und es waren Amateurfunker, die ehrenamtlich die Kommunikation zwischen der Stationsbesatzung und deren Familien in der grünen Welt übernahmen.

Wollte man Familie oder Freunden eine Nachricht zukommen lassen, kontaktierte man einen Amateurfunker in den USA, der sich dafür bereit erklärt hatte. Er tippte die Nachricht ab und verschickte sie mit der Post an den entsprechenden Empfänger. Die Antwort ging dann wiederum an ihn, und er las sie uns über Funk vor.

Durch die modernen Satellitenverbindungen ist das Funken etwas aus der Mode gekommen, doch es gibt noch immer eine sehr aktive Szene rund um den Globus. Gerade bei Notfällen ist der Funk nach wie vor hilfreich, wenn Internet und Telefon ausfallen. Solange man noch einen funktionierenden Generator hat, kann man eine Funkstation betreiben und sich mit der Welt unterhalten.

Daneben ist es für Amateurfunker immer noch ein besonderes Ereignis, wenn sie eine Verbindung zum Südpol aufbauen können, und auch hier gab es immer wieder Kollegen, die dieses Hobby pflegten. Ich selbst interessierte mich vor allem wegen des Segelns fürs Funken.

Schon vor Jahren war mir das fünf Zentimeter dicke Buch der ARRL, einer amerikanischen Vereinigung von Amateurfunkern, in die Hände gefallen, und ich hatte es neugierig gewälzt. Die ARRL bietet drei verschiedene Lehrgänge zu den Stufen Technician,

General und Extra an. Neben dem Funken selbst geht es dabei auch viel um Hardware und Elektronik. Einer meiner Winterover-Kollegen im Jahr 2017 hatte eine Extra-Lizenz, mit der er auch die Prüfungen abnehmen durfte, und so ließen sich einige von uns für das Thema begeistern. Wir tauchten tief in die Materie des Amateurfunks ein und büffelten für die Prüfung.

Dafür brauchten wir allerdings noch eine Video-Liveschaltung zu einem weiteren ARRL-Prüfer, was nur mit unserem neuesten und besten Satelliten möglich war. Dabei ist »neu« sehr relativ. Zwar schwirrten haufenweise Satelliten über unseren Köpfen, die meisten gingen jedoch nach wenigen Minuten schon wieder unter und waren außer Reichweite. Und die Bandbreite der Iridium-Satelliten genügte bei Weitem nicht für eine Internetverbindung.

Das Problem ließ sich nur mit geostationären Satelliten lösen, doch diese waren vom Pol aus in der Regel nicht zu sehen. Erst wenn sie ausgedient hatten und ihre Bahn nicht mehr korrigiert wurde, eierten sie etwas im Orbit herum und stiegen auch am Südpol ein paar Grad über den Horizont, sodass sich zumindest für ein paar Stunden eine Verbindung aufbauen ließ. So war es bis vor wenigen Jahren ein ausgedienter Wettersatellit aus den Siebzigern, der uns die beste Internetverbindung lieferte, vergleichbar mit Modem-Geschwindigkeit.

Die Verbindung, über die die Messdaten versendet werden, läuft über die besseren TDRS (Tracking and Data Relay Satellites) der NASA. Dabei konkurrieren die Südpol-Experimente aber mit der ISS, dem Hubble Space Telescope sowie den übrigen Beobachtungssatelliten und haben die niedrigste Priorität. Doch wenn Bandbreite zur Verfügung steht und der Satellit sichtbar ist, lässt sich die Verbindung nutzen.

Seit der zweiten Winterhälfte 2016 versorgte uns ein ausrangierter DSCS-Satellit (Defense Satellite Communications System) des US-Militärs aus den 1990er Jahren knapp vier Stunden täglich mit schnellem Internet. Im Vergleich zu allem davor war die Verbindung ein Traum, wir konnten fast ohne Zeitverzögerung surfen, und selbst Video-Liveschaltungen waren möglich, wenn diese priorisiert waren.

Doch kaum wollten wir einen Termin für unsere Funkerprüfung reservieren, versagte die DSCS-Verbindung ihren Dienst zum Südpol. Die andere Empfangsstation auf dem USAP-Gebäude in Christchurch hatte unter den heftigen Regenfällen, die dort nicht unüblich sind, gelitten. Um Geld zu sparen, hatte man auf einen Wetterschutz für die Satellitenschüssel verzichtet. Nun war Wasser in die Elektronik eingedrungen und ein Ersatzteil aus den USA musste her. Da es sich um einen US-Militärsatelliten handelte, schaltete sich auch das amerikanische Verteidigungsministerium ein. Nur wollte man dort nicht begreifen, weshalb denn ein Ersatzteil ins Ausland geschickt werden sollte, und blockierte die Lieferung.

Bürokratische Mühlen mahlen langsam, und es dauerte über siebzig Tage, bis das Ersatzteil endlich freigegeben und nach Neuseeland geliefert wurde. Repariert war die Empfangsstation dann in wenigen Stunden.

Im August konnte unsere Prüfung per Videokonferenz dann endlich stattfinden – allerdings um vier Uhr morgens, weil sich das Satellitenfenster mittlerweile einige Stunden nach vorne verschoben hatte.

Eigentlich hätten wir längst noch mehr von diesen DSCS-Satelliten nutzen können, aber eine zusätzliche Empfangsanlage wurde mit den einmaligen 300 000 US-Dollar als zu teuer erachtet. Man blieb lieber bei dem kommerziellen Anbieter mit der schlechteren Verbindung für 150 000 US-Dollar pro Jahr. Das kommt dabei heraus, wenn man immer nur von einem Jahr zum nächsten denkt.

Bayern 3 auf Kassette

Da wir weder Radio noch Fernsehen empfangen können, wurden die Musikkassetten, die ich in den ersten Wintern dabeihatte, bald etwas eintönig, und irgendwie fehlte mir auch das Radiohören mit Moderation, Nachrichten und so weiter. Daher organisierte ich mir für mein zweites Jahr ein paar Kassetten mit einigen Stunden Radioaufnahmen, auch wenn das bedeutete, immer wieder dieselben Nachrichten, Stauberichte und Werbebeiträge zu hören. Die Internetverbindung wurde später zwar besser, war aber immer noch nicht gut genug für Livestreams. Auch hätte das zu viel kostbare Bandbreite in Anspruch genommen, und vor allem musste man ja genau in den paar Stunden Radio hören, in denen wir gerade eine Satellitenverbindung hatten.

Daraufhin schrieb ein Freund an der Universitäts-Sternwarte München ein kleines Programm, das automatisch acht Stunden Bayern 3 am Tag aufnahm. Die hinterlegte er dort auf dem Server, und sobald wir eine Verbindung hatten, konnte ich sie mir herunterladen. Mit 20 MB pro Stunde war die Datenmenge überschaubar, und so bekam ich neben abwechslungsreicher Musik auch mehr vom Weltgeschehen mit und war selbst am Pol immer bestens über die Münchener Staus informiert.

300er-Club

Eine für uns Winterover wichtige Temperaturmarke waren -100 ° auf der Fahrenheit-Skala, was genau -73,4 ° Celsius entspricht. Fiel die Temperatur unter diese magische Zahl, wurde unsere Sauna auf mehr als +200 °F (+93,3 °C) aufgeheizt. Diese Differenz zwischen »Wellness« und Eiseskälte lieferte die Voraussetzung für den 300er-Club: Um in

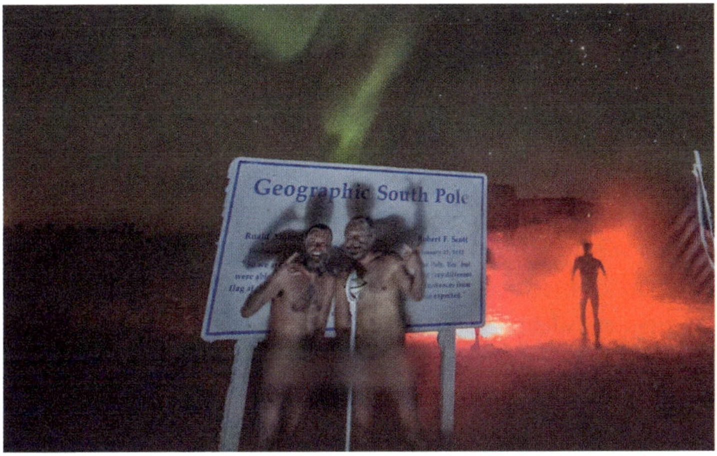

Der Lauf zum Pol, 300 °F Temperaturunterschied zwischen Sauna und draußen

diesen aufgenommen zu werden, musste man nach einem Saunagang nur mit Winterstiefeln bekleidet einmal zum geografischen Südpol und zurück laufen. In meinem ersten Winter waren das etwa 400 Meter. In den darauffolgenden Jahren verschob sich das Eis, und damit auch der Dome, etwa zehn Meter pro Jahr zum Pol hin. Von der neuen Station aus war es zunächst um einiges näher, wobei sich mittlerweile die Distanz auch dort wegen der Eisdrift wieder vergrößert.

Die Sauna heizten wir stärker als gewöhnlich ein, machten dafür aber keinen Aufguss. Die Routiniers des 300er-Clubs rieten uns, etwas länger in der Sauna zu bleiben, als wir glaubten, aushalten zu können. Nur so konnten wir im Körper ausreichend Wärme für den bevorstehenden Kältetrip speichern.

Völlig überhitzt lief ich also von der Sauna in Richtung Ausgang. Im schützenden Windschatten des Dome kam es mir noch angenehm warm vor, obwohl auch hier schon Temperaturen wie im Freien herrschten. Die ersten Meter waren wir in unsere eigene Dampfwolke gehüllt. Doch sobald wir den Dome verlassen hatten, wurde es verdammt zapfig. Durch den Windchill waren es wohl gefühlt unter -100 °C! Inzwischen waren wir nur noch zu dritt und feuerten uns gegenseitig an. Die Hände schützend über ein gewisses Körperteil haltend, liefen wir in Richtung Pol. Nach einigen Metern kamen mir die ersten Zweifel. Der Schweiß auf meinem Rücken gefror und knackte, während ich weiterrannte. Eigentlich ist es noch verdammt weit bis zum Pol, dachte ich bei mir. Aber aufzugeben kam nicht in Frage. Am Pol war ein Heldenfoto geplant, doch der Kollege, der uns dort in voller Polarmontur erwartete, um uns zu fotografieren, war so besonnen in seinen Handgriffen, dass es nicht dazu kam. Warten konnten wir nicht, die Kälte wurde immer unerträglicher, und wir machten postwendend kehrt. Zurück in der heißen Sauna, kam es mir jetzt einfach angenehm warm vor. Ich war so ausgekühlt, dass ich sogar die Holzwände anfassen konnte, ohne das Gefühl zu haben, mich zu verbrennen. Vor lauter Adrenalin waren wir völlig aufgeputscht. Doch schon bald überkam mich der Drang, ständig husten zu müssen. Durch das Laufen hatten wir tiefer eingeatmet als sonst und uns die Lungen angefroren. Einige Tage lang husteten wir, als hätten wir ein paar Schachteln Zigaretten geraucht. Doch bis auf das und brennende Ohren hatten wir keine weiteren Blessuren davongetragen.

In diesem ersten Winter hatten die vier Frauen der Winterover-Crew für die restlichen 24 von uns vorsorglich ein winziges Kleidungsstück zum Schutz des genannten Körperteils gestrickt, das wir aber aufgrund der Regeln, die allein Schuhe als Bekleidung zuließen, ablehnten. In den letzten Jahren wurden die Aufnahmekriterien in den 300er-Club dann doch etwas gelockert, und es wurden Handschuhe und Balaclava erlaubt, um Lunge und Hände zu schützen. Ein andermal wollte sich ein Kollege aus der Sauna kommend nur kurz draußen abkühlen. Ohne groß darüber nachzudenken, behielt er seine Flipflops an. Bei diesen knackigen Temperaturen härtete der Kunststoff schlagartig aus und wurde brüchig. Nach wenigen Metern stand er barfuß da und musste umdrehen. Er hatte Erfrierungen zweiten Grades, die Haut an seinen Fußsohlen war eine einzige Blase, und er konnte einige Tage nicht laufen. Der Spott der gesamten Station war ihm gewiss.

Ein heißer Pool am Pol

Die Sauna war schon purer Luxus, aber im Winter 1998 hatten wir sogar einen Hot Tub. Die Mechaniker bauten einen alten Schneeschmelzer so um, dass wir ihn als kleinen geheizten Pool benutzen konnten. Er stand vor dem Comms-Gebäude mitten im Dome und dampfte in der eisigen Luft. Im Wasser ließ es sich ganz gut aushalten, nur den Kopf musste man ab und zu untertauchen, um die Ohren wieder aufzutauen. Das Hinein- und Heraussteigen war etwas unangenehmer. Aber es war herrlich. Das Becken maß grob 3 × 1 × 1 Meter, und es passten durchaus ein paar Leute gleichzeitig rein. Um Energie zu sparen, wurde es dick isoliert und der Wasseraustausch auf ein Minimum reduziert, dafür gab es umso mehr Chlor und die strikte Anweisung, davor zu duschen. Auch etablierten wir gleich beim ersten Mal die Regel, dass wir keine Badeklamotten tragen würden, und so warfen wir diese kurzerhand hinter uns an die Comms-Wand, wo sie sofort festfroren.

Einige der Winterover hatten lange Haare, und man konnte die erstaunlichsten Frisuren stylen, wenn man die nassen Haare für ein paar Sekunden in die gewünschte Form hielt, bis sie gefroren waren. Das funktionierte auch mit anderen Dingen ganz gut: Einer vergaß öfters mal seine lange Unterhose in der Dusche. Als Erinnerung stellten wir sie – im wahrsten Sinne des Wortes – eines Tages nass mitten im Dome auf.

Wenn man schon mal eine gewisse Menge an flüssigem Wasser hat, dachten wir, kann man doch auch gleich tauchen gehen. Einer von uns hatte Taucherbrille und Schnorchel für den Urlaub danach dabei. Außerdem probierten wir es auch mit einem Atemschutzgerät unserer Feuerwehrausrüstung. Dieser SCBA (Self-Contained Breathing Apparatus), wie er offiziell heißt, ist dem SCUBA (Self-Contained Underwater Breathing Apparatus), der bei richtigen Tauchgängen benutzt wird, nicht unähnlich, aber man merkte selbst in einer Tiefe von einem Meter, dass SCBAs eben nicht für den Unterwassereinsatz gedacht sind. Man bekam kaum die nötige Menge Luft in die Lungen. Dennoch war es mit Sicherheit eine Premiere: der südlichste Tauchgang der Welt.

Campen bei -70 °C

Ein weitere Extremaktivität hatte rein gar nichts mit Wellness zu tun. Natürlich wollten wir irgendwann einmal unsere Überlebensausrüstung testen. Wir warteten damit, bis die Temperatur um die -70 °C lag. Dann errichteten wir ein Scott-Zelt, dessen Prinzip auf seinen Namensgeber zurückgeht, in der Nähe des Polmarkers, in der Hoffnung, dass die Erdachse direkt durch unseren Bauchnabel verlaufen würde, wenn wir uns ins Zelt legten.

Statt Isomatten nutzten wir zehn Zentimeter dicke Styroporplatten. Selbst die besten Schlafsäcke der Welt sind nicht für solche Temperaturen konzipiert, ganz abgesehen davon, dass unsere aus praktischen und finanziellen Gründen nur aus Kunstfaser bestanden. Daher stopften wir jeweils zwei Schlafsäcke ineinander und steckten zwischen die beiden Lagen noch eine Flasche mit heißem Wasser. So war es eigentlich mollig warm, sobald man es in den Schlafsack geschafft hatte.

Den erholsamsten Schlaf durfte man trotzdem nicht erwarten. Wenn ich mein Gesicht bedeckte, gefror die Feuchtigkeit der Atemluft schnell zu einer Eiskruste, und der Gedanke, nicht genug Sauerstoff zu bekommen, ließ mich unruhig schlafen. Hielt man sein Gesicht jedoch frei, riskierte man Erfrierungen. Außerdem gefror dann die Luft direkt beim Ausatmen und rieselte in Form winziger Eiskristalle zurück aufs Gesicht. Das Schlimmste aber war das Aufstehen. Obwohl wir unsere äußeren Kleidungsschichten zwischen den Schlafsäcken deponiert hatten, war alles eisig und die Schuhe

Wintercamping im Scott-Zelt am Pol

steif gefroren. Wir zogen uns mehr schlecht als recht an, sprinteten zur Station und wärmten uns und unsere Kleidung in der Sauna auf. Dann brachen wir noch einmal auf und holten die Schlafsäcke. Das Zelt blieb für ein paar Monate aufgebaut und etliche unserer Kollegen nutzten es, um selbst diese Erfahrung zu machen.

Atmosphärenforschung und Ozonloch

Bevor ich am Südpol lebte, war ich davon ausgegangen, dass die Temperaturen dort im Sommer und im Winter jeweils relativ konstant sind, da es ja keinen 24-stündigen Tag-Nacht-Rhythmus gibt. Doch weit gefehlt. Gerade im Winter können die Temperaturen von einem Tag auf den anderen um 20 °C oder 30 °C springen. Da sich der Schnee schneller abkühlt als die Luft darüber, entsteht eine starke Inversionslage. Die großen Temperatursprünge werden vom Wind verursacht, der die bodennahen kalten Luftschichten mit den etwas wärmeren aus der Inversion vermischt.

Häufig ist der Himmel klar. Wegen der extrem niedrigen Luftfeuchtigkeit bilden sich keine dickeren Wolkenschichten, Cumulus- oder Stratocumulus-Wolken etwa kennt man hier gar nicht. Es gibt

Vor dem Sonnenaufgang sind alle Gebäude mit einer weißen Schicht überzogen

MAPO erwacht aus dem Winterschlaf

Vom Wind geformte Sastrugi überziehen die Schneeoberfläche

im Prinzip nur Eiswolken, die aber meist wesentlich tiefer hängen als in gemäßigten Breiten.

Dazu kommt, dass es eigentlich immer windig ist. Kalte Luftmassen strömen permanent vom Polplateau im Landesinneren zur Küste, wo die Landmassen schroff abfallen. Die Windrichtung liegt meist bei zwanzig Grad östlicher Abweichung von Grid North. Nach ihr ist auch die Landebahn ausgerichtet. Wenn der Wind etwas dreht, trägt er feuchtere Luftmassen von der Weddellsee zum Pol. Dann wird es ein wenig milder, wobei die Temperaturen noch immer weit unter dem Gefrierpunkt liegen, die Luftfeuchtigkeit steigt auf ein paar Prozent und es bildet sich häufig eine Zirrenschicht. Diese ein wenig mildere, minimal feuchtere Witterung habe ich als wesentlich unangenehmer empfunden als die trockenere, wenn auch wesentlich kältere. Überhaupt ist das Schlimmste der Wind: Sehr kalte Temperaturen mit wenig Wind sind um einiges erträglicher als -50 °C und Wind.

Während des Winterhalbjahres bildet sich um die gesamte Antarktis ein recht stabiler Luftwirbel, ein sogenannter Vortex, der die polare Kaltluft vom Rest der Atmosphäre klimatisch isoliert. In zwanzig bis dreißig Kilometern Höhe entstehen in dieser Zeit hohe Eiswolken. In diese Höhen steigt auch das inzwischen verbotene, aber noch in der Atmosphäre vorhandene Treibhausgas FCKW auf und lagert sich an die Eiskristalle an. Das ist zunächst harmlos, doch sobald gegen Ende des Winters die ersten Sonnenstrahlen die Hochatmosphäre durchdringen, spaltet die UV-Strahlung das Chlor aus den FCKW-Komplexen ab. Die nun freien Chlor-Radikale wiederum zersetzen die Moleküle der Ozonschicht, die uns vor zu starker UV-Einstrahlung schützt. Dieser zerstörerische Prozess geht schneller vonstatten, als sich die Ozonmoleküle wieder zusammenfinden können, sodass über der Antarktis bis Ende des Winters ein riesiges Ozonloch entsteht.

Während die Sonne höher steigt, wärmt sich die Atmosphäre auf und der Polarvortex bricht zusammen. Zum einen wird dann die Wetterlage am Südpol zunehmend instabil, und von Septem-

Die ersten Anzeichen der Dämmerung im August

ber bis in den Oktober hinein treten häufig Stürme auf. Zum anderen strömt Ozon aus den gemäßigteren Breiten nach, und die Ozonschicht über der Antarktis füllt sich wieder, während sie über anderen Gebieten wie etwa Australien ausdünnt. Für die Bevölkerung dort steigt das Hautkrebsrisiko, weil die Atmosphäre dadurch durchlässiger für UV-Strahlung ist.

2006 war das Ozonloch über der Antarktis am größten, seither ist es Jahr um Jahr kleiner geworden. Seit 2018 scheint es allerdings wieder zu wachsen, was auf besonders tiefe Temperaturen in den Höhenlagen über der Zentralantarktis und eine vermehrte Bildung von Eiswolken in den letzten Jahren zurückzuführen ist. Auf der Nordhalbkugel über der Arktis gab es dieses Problem bisher nicht; dort ist

Start eines Ozonballons

Leider kommt das Sonnenlicht zurück und die Sterne und Polarlichter verschwinden langsam

es in der Regel nicht kalt genug, dass sich lang anhaltend Eiskristalle bilden können. 2020 wurde jedoch auch dort erstmals ein Ozonloch beobachtet.

Man geht davon aus, dass es bei Einhaltung des Banns noch fünfzig Jahre dauern wird, bis die FCKW vollständig abgebaut sind und die Ozonschicht sich völlig regeneriert hat. Allerdings wurden in China trotz des internationalen Banns auch wieder FCKW-Emissionen gemessen.

Sonnenaufgang und O'zapft is

Derweil fieberten einige von uns der Sonne entgegen. In den Tagen um den 23. September, der Tagundnachtgleiche, würde sie wieder über den Horizont treten. Wegen der Lichtbrechung in der Atmosphäre schickte sie immer schon einige Tage vorher ihre Strahlen voraus. Wie gesagt, ist das Wetter zu dieser Jahreszeit jedoch recht unbeständig, sodass oft Eiswolken den Blick auf den Sonnenaufgang verhüllten. Ein Grund zum Feiern war es dennoch.

Sobald die Sonne sich über dem Horizont zeigte und das Tageslicht die Umgebung erhellte, wurde auch das Leben im Außenbereich der Station wieder geschäftiger. Wir bereiteten die Station für den Sommer vor. Ende September begannen wir damit, die

Einer der gefürchteten Frühjahrsstürme

Jeder Sturm bedeutet viel Schaufeln

Der MAPO-Haupteingang nach einem Sturm

Sunrise-Dinner, oft mit Hawaiihemden (2015)

Landepiste zu präparieren. Die Witterung mit ihren starken Winden hatte dünenartige Schneeverwehungen aufgeworfen, diese Sastrugi mussten nun eingeebnet werden. Eine sehr zeitintensive Arbeit, die mehrere Wochen in Anspruch nehmen konnte.

Doch bevor die Wintersaison endgültig vorüber war, stand noch ein weiteres wichtiges Ritual an. In meinem ersten Jahr am Südpol hatte ich eine urbayerische Tradition eingeführt: das Oktoberfest. Seither feierten wir immer am ersten Oktoberwochenende die Südpol-Wiesn. Dafür mussten natürlich wieder Brezen gebacken werden – extra große diesmal.

rezenbacken fürs
ktoberfest

Die großen Brezen dürfen natürlich nicht fehlen (2013)

... es gab sie nur zum Oktoberfest.

ie Galley wird immer entsprechend ekoriert (2007)

Auch einige aus der Crew machten sich ihre »Tracht« selbst (2015)

Von Winterblues keine Spur

Manchen Leuten merkt man den langen Winter an, allein schon äußerlich: Sie haben sich Haare und Bart einfach wachsen lassen. Vor allem aber sehen viele am Ende des Winters sehr müde und blass aus. Einige entwickeln auch den für lange Isolation und Monotonie typischen »One-Mile-Stare«; dann sitzen sie irgendwo einsam in der Galley und blicken ziellos in die Ferne.

Ich selbst hatte damit zum Glück nicht zu kämpfen. Wirklich erschöpft habe ich mich nie gefühlt, und meinem Dreitagebart blieb ich stets treu. Es ist mir nicht nur einmal passiert, dass Leute, die am Ende meiner Wintersaison für den Sommer auf der Station eintrafen, mich ungläubig beäugten: Sie konnten gar nicht glauben, dass ich gerade überwintert hatte.

Langzeitstudien, wie sie beispielsweise auch auf der Antarktisstation Concordia durchgeführt wurden, haben gezeigt, dass die Produktion des Schilddrüsenhormons T3 in langer Isolation und Dunkelheit nachlässt. Dadurch sinkt die mentale Leistungsfähigkeit, man wird vergesslicher, das Gehirn arbeitet nicht mehr so gut. Auch bei uns wurden T3-Studien durchgeführt, wobei die Ergebnisse allerdings zweifelhaft waren. Dazu machten wir für die NASA Geschicklichkeits- und Konzentrationstests. Bei mir ließ sich keine große Veränderung beobachten. Ich konnte auch nicht feststellen, dass sich mein Denken verlangsamte oder ich vergesslicher wurde. Bei manchen Leuten dagegen ist der Effekt tatsächlich extrem, sie können sich an manche Dinge nicht erinnern und schieben das dann gern auf eine Veränderung des T3-Pegels.

Die erste Orange und eine verpasste Opernaufführung

Die ersten Flieger nach dem langen Winter trafen meist Mitte Oktober ein. Dann waren die kleineren Maschinen vom Typ Twin Otter und Basler von ihrem Sommereinsatz in der kanadischen Arktis unterwegs nach McMurdo, von wo aus sie während der hiesigen Sommermonate viele der Stationen in der Antarktis anflogen. Auf ihrem Weg von Rothera nach McMurdo legten sie bei uns einen Tankstopp ein.

Die Piloten wussten, wie sehr wir uns zum Ende des Winters nach Freshies sehnten, und besorgten – auf eigene Kosten – immer ein paar Kisten Orangen, Äpfel, Zwiebeln oder was sie sonst gerade bekommen konnten und sich gut transportieren und lagern ließ.

Eine wirklich nette Geste, und so wurden die ersten Flieger immer besonders freudig erwartet.

Die erste Orange nach acht Monaten war etwas ganz Besonderes, selbst wenn oft jeder nur eine halbe abbekam. Nach dieser langen Zeit der Entbehrung war es das höchste der Gefühle, den süß-säuerlichen Saft der Orangenschnitze auf der Zunge zu schmecken. Andernorts womöglich eine Selbstverständlichkeit – am Südpol hingegen etwas, das man zu schätzen lernt, wenn man nicht zu jeder Jahreszeit frische Früchte im Supermarkt um die Ecke kaufen kann.

Ende Oktober kamen die ersten Leute der Sommercrew. Der Übergang verlief in den letzten Jahren meist fließend, da dafür nun auch die kleineren Baslers, die schon bei tieferen Temperaturen fliegen können, benutzt wurden. Der eigentliche Besatzungswechsel stand in der ersten Novemberhälfte an – bis dahin hieß die Devise im Wesentlichen: Großreinemachen, bis ins hinterste Eck.

In den achteinhalb Wintermonaten, in denen wir unter uns waren, sind wir zu einer großen Familie zusammengewachsen. Wenn Anfang November der Rest der Sommercrew mit den Hercules bei uns eintraf, fühlte sich das daher an wie eine Invasion.

Mit den größeren Militärtransportflugzeugen verließ die Wintercrew nach und nach die Station. Doch gerade bei meinen letzten Aufenthalten am Südpol hatten diese Maschinen zunehmend technische Probleme, sie waren schlicht in die Jahre gekommen. Die Wartung nahm mehr und mehr Zeit in Anspruch, sodass die Flugzeuge nicht immer pünktlich einsatzfähig waren. Statistisch traten diese Probleme übrigens gehäuft nach Tagen mit großen Sportereignissen wie dem Super Bowl auf.

Auch in McMurdo saß man oft länger fest. So plante ich für die Strecke Südpol–Neuseeland immer eine Woche Puffer ein. Gerade in den letzten Jahren, in denen wir in Neuseeland ein Segelboot gemietet hatten, musste ich als Skipper schließlich rechtzeitig in

Christchurch sein. Einmal hatte ich richtig Pech – und das ausgerechnet in jenem Jahr, als ich Karten für das Sydney Opera House hatte. Laut den Flugwettervorhersagen, die in den USA erstellt werden, war in McMurdo schlechtes Wetter. Das lag allerdings nur daran, dass ein lokales Messinstrument, das die Daten für die Modelle lieferte, defekt war. Tatsächlich war das Wetter in McMurdo für eine Woche wunderbar. Täglich saß ich auf dem Observation Hill, genoss die Aussicht und sah zu, wie die Rauchwolke des Mount Erebus senkrecht in die Höhe stieg. Die Landebedingungen waren ideal. Doch den Meteorologen vor Ort wollte man nicht so recht trauen, und die Maschine, die uns nach Neuseeland bringen sollte, wurde in Christchurch zurückgehalten.

Und dann wurde ich auch noch krank. Abgeschnitten von der Zivilisation schafften es während der Wintermonate keine neuen Krankheitserreger an den Südpol. Doch wenn die Sommerleute kamen, herrschte in den USA gerade die Hauptgrippewelle, und sie brachten die Viren mit aufs Eis. Damit war unser Immunsystem oftmals überfordert. So waren wir immer heilfroh, wenn wir die ersten Tage in McMurdo und Neuseeland gesund überstanden.

Nach zehn Tagen war endlich eine C-17 in die Antarktis unterwegs. Zu allem Überfluss machte sie erst einmal noch einen Umweg über den Südpol für eine Airdrop-Übung. Mittlerweile hatte das Wetter tatsächlich umgeschlagen, und es war nicht sicher, ob die Maschine in McMurdo überhaupt landen konnte. Als wir uns kurz vor Mitternacht zum Flugfeld aufmachten, fielen dicke Flocken, sodass wir die Hoffnung bereits aufgegeben hatten. Zum Glück tat sich ein kleines Wolkenloch auf, und wir schafften es doch noch nach Neuseeland. Aus der Oper wurde trotzdem nichts, denn ich verpasste meinen Anschlussflug nach Australien.

Neuseeland

Nach dem langen Winter freuten wir uns immer auf Neuseeland. Nach der Isolation in der an manchen Sinneseindrücken armen Umgebung des Südpols ist man besonders sensibel gegenüber Geräuschen und Gerüchen. Sobald die Transportmaschine, noch während sie ausrollte, die Heckklappe öffnete, strömte ein Schwall angenehm feuchter Luft ins Flugzeuginnere. Gierig sogen wir die Luft ein. Dass sie noch mit Kerosinabgasen vermischt war, störte uns nicht. Die Luftfeuchtigkeit war eine Wohltat für Schleimhäute und Haut, und man spürte ihre Wirkung sofort. Wir waren zurück in der grünen Welt.

Nach meinem allerersten Aufenthalt am Südpol empfand ich die Rückkehr in die grüne Welt als besonders überwältigend. Ich wälzte mich im Gras, berührte Bäume, streichelte Hunde. Mit den Jahren gewöhnte ich mich mehr und mehr an den Wechsel. Es war einfach so, als würde ein Schalter umgelegt. Das funktionierte in beide Richtungen; wenn ich in Neuseeland ausstieg, war das Eis weit weg, und umgekehrt. Dennoch nahm ich viele Dinge bewusster wahr: Vogelgesang, Kindergeschrei, Hundegebell, der Geruch von Gras und Regen, alles, was ich die langen Monate über entbehrt hatte.

Ein beliebtes Ausflugsziel in den ersten Tagen in Christchurch war der botanische Garten: endlich wieder barfuß im Gras laufen, eine kurze Hose tragen, den Wind um die Beine spüren. Und vor allem gab es endlich wieder 24 Stunden am Tag schnelles Internet, die Laptops versorgten sich mit den längst überfälligen Updates, und im Smartphone-Zeitalter waren wir das erste Mal, seitdem wir Neuseeland vor dem Winter verlassen hatten, wieder im Netz. Die grüne Welt hatte aber auch ihre Tücken: Man musste sich wieder daran gewöhnen, Schlüssel und Geldbeutel mitzunehmen, wenn man seine Bleibe verließ. Alles Dinge, die wir für viele Monate nicht gebraucht hatten.

Auf meinem Rückweg vom Südpol nach Deutschland verbrachte ich jedes Mal mindestens zwei Wochen in Neuseeland. Das waren meine einzigen Sommertage im ganzen Jahr. Daheim war ja jetzt auch schon wieder Winter, und außerhalb der Antarktis war ich gar nicht so erpicht auf Schnee und Kälte. Musste ich im darauffolgenden Winter nicht zurück an den Pol, dehnte ich diese Zeit auf der Südhalbkugel auch gern auf mehrere Monate aus. Zusammen mit einem Stationsarzt, mit dem ich dreimal überwinterte, bestieg ich dann etliche Berge der neuseeländischen Alpen. Dort waren wir zwar auch wieder unterwegs in Eis und Schnee, aber es war zumindest dreidimensional, und unten im Tal wartete der Regenwald.

In den letzten Jahren ging ich mehrfach mit ein paar anderen Winterovern segeln. Als Einziger mit einem Segelschein war ich der Skipper, und schon am Südpol hatte ich unserer kleinen Segelcrew die wichtigsten Grundbegriffe, Knoten und Kommandos beigebracht. Der erste Segeltörn führte uns in die Marlborough Sounds im Norden der Südinsel. Landschaftlich wunderschön, das Klima aber ist hier gemäßigt. Das Wasser war noch kalt um diese Jahreszeit, man konnte noch nicht mal in Shorts herumlaufen. Deshalb entschlossen wir uns in den Folgejahren, in der Bay of Islands im Norden der Nordinsel zu segeln, wo das Klima schon fast subtropisch ist. Das war immer ein Highlight nach Abschluss unserer Südpolsaison. Insgesamt habe ich durch die An- und Abreisen über Neuseeland mittlerweile auch dort über ein Jahr verbracht.

Auf dem Rückweg in die Antarktis Ende Januar oder Anfang Februar plante ich immer noch einen Tag in Christchurch ein. Wenn es eine Stadt außerhalb Deutschlands gibt, in der ich mich heimisch fühle, dann ist das Christchurch. Die Stadt ist nicht wirklich groß, und mit den Jahren kannte ich mich sehr gut aus. Ich kam immer im selben Bed & Breakfast unter, habe miterlebt, wie sich Christchurch veränderte – nicht zuletzt durch die verheerenden Erdbeben von 2010 und 2011 –, und habe dort viele Freunde gefunden.

Mein Programm in Christchurch: ein letzter Einkauf, mit dem Fahrrad die Port Hills erklimmen, am Strand barfuß durch den Sand laufen, noch mal so richtig Sonne tanken.

Mehr als einmal passierte es aber, dass der Tag wegfiel, weil der Flugplan durcheinandergeraten war. Dazu gab es auch hier die obligatorischen Verspätungen, doch wenn man schon irgendwo festsitzen muss, dann am liebsten in Christchurch. Davon konnten wir aber nur profitieren, wenn der Flug rechtzeitig abgesagt wurde. Andernfalls mussten wir stundenlang in unseren Polarklamotten bei sommerlichen Temperaturen auf dem Rollfeld oder im Wartebereich ausharren.

Der letzte Winter

Im Februar 2019 stand meine fünfzehnte und letzte Überwinterung an. Bei den meisten meiner Aufenthalte am Südpol war von Anfang an klar, dass ich im darauffolgenden Jahr wiederkommen würde. Nur zweimal hatte ich der Amundsen-Scott-Station zwischendurch für längere Zeit Lebewohl gesagt. 1998 kehrte ich nach Deutschland zurück, um mein Studium abzuschließen, und danach wollte ich mir erst einmal offenlassen, welchen Weg ich einschlagen würde. Und auch 2007 packte ich alle meine Sachen. Das QUaD-Experiment war abgeschlossen, und ich wollte endlich wieder ein paar Jahre daheim genießen und sehen, was sich beruflich ergibt. Beide Male kehrte ich dann doch wieder zum Südpol zurück. Diesmal sollte es aber wirklich mein letzter Forschungsaufenthalt unter den Polarlichtern der Antarktis werden. Das SPUD/Keck-Teleskop hatte seine Lebenszeit bereits weit überschritten und ein neues, noch moderneres Teleskop würde es bald ersetzen.

In meinem letzten Jahr am Südpol wartete ein internationales Team von Wissenschaftlern mit einer Sensation auf: Am 10. April

Der letzte Winter fängt gut an, schon Ende April gibt es schöne Polarlichter zu sehen

2019 ging das erste Bild eines Schwarzen Lochs um die Welt. Genau genommen zeigte es den unmittelbaren Rand eines solchen Schwerkraftmonsters, das Raum und Zeit auf scheinbar magische, aber dennoch physikalisch begründbare Weise verzerrt.

In einer internationalen Beobachtungskampagne hatten Astronomen acht Radioobservatorien an verschiedenen Standorten rund um den Globus zu einem Riesenteleskop namens Event Horizon Telescope zusammengeschlossen. Mit diesem Teleskopverbund haben sie ins Zentrum einer 53 Millionen Lichtjahre entfernten Galaxie namens M87 geblickt und dort den Ereignishorizont des Schwarzen Lochs abgelichtet, jene Grenze in der Raumzeit, die das Innere eines Schwarzen Lochs von der uns durch Beobachtungen zugänglichen Umgebung abschirmt.

Wie in der Milchstraße auch, ruht im Zentrum jeder größeren Galaxie ein Schwarzes Loch. Wir können diese Objekte zwar nicht direkt beobachten, es gibt aber ausreichend Indizien, die den Astronomen darüber Gewissheit geben. Viele dieser Schwarzen Löcher führen ihr Dasein im Verborgenen. Andere hingegen machen sich recht deutlich bemerkbar. Wenn Materie aus ihrer Umgebung in sie hineinstürzt, wird ein Teil davon umgelenkt, kurz bevor er auf Nimmerwiedersehen darin verschwinden würde, und als hell leuchtende Materiejets in den Weltraum geschleudert. In diesen hochenergetischen Jets laufen zahlreiche physikalische Prozesse ab, bei denen auch die Neutrinos entstehen, nach denen IceCube sucht. Ein anderer Teil der Materie kreist fortlaufend um den Rand des Schwarzen Lochs und heizt sich dabei derart auf, dass auch er zu leuchten beginnt. Diese Strahlung lässt sich messen.

Indem die Astronomen Radioteleskope weltweit koordiniert auf ein Ziel ausrichten und die gesammelten Daten miteinander verrechnen, entsteht ein virtuelles Teleskop mit dem Durchmesser der Erde. Entsprechend hoch ist die Auflösung – im Fall des Event Horizon Telescope gut genug, um einen Bereich des Himmels auflösen zu können, welcher der Größe eines Tennisballs auf dem Mond, von der Erde aus gesehen, entspräche.

Dabei darf man sich das 2019 publizierte Bild des Schwarzen Lochs von M87 nicht wie ein gewöhnliches Foto vorstellen. Vielmehr musste dieses Abbild des Schwarzen Lochs aus den Beobachtungen des Teleskopverbundes aufwendig rekonstruiert und mit Modellen abgeglichen werden. Das macht dieses Bild allerdings nicht minder faszinierend – im Gegenteil.

Die Observatorien des Event Horizon Telescope stehen alle an Orten, an denen die irdische Atmosphäre die Signale des Schwarzen Lochs möglichst wenig stört. Mit von der Partie war auch das South Pole Telescope (SPT). Zwar arbeitete ich selbst nicht direkt für dieses Projekt, doch während der Beobachtungskampagne 2017 unterstützten wir die Kollegen am SPT nach Kräften und hielten ihnen den Rücken von sämtlichen Pflichten auf der Station frei.

Die Beobachtungen fanden am Anfang der Polarnacht statt, aber die Wissenschaftler mussten sich bis November gedulden, bis sie die Daten auswerten konnten. Unsere Satellitenverbindung reichte bei weitem nicht aus, um alle Messdaten darüber zu verschicken. Bei Datenmengen dieser Größenordnung werden sie zunächst in doppelter Ausführung auf Festplatten gespeichert und dann per Flugzeug ausgeflogen. Eine Kopie bleibt am Südpol, bis die andere sicher

Auszug aus einem 24-Stunden-Timelapse (11. und 12. Mai 2019) vom SPT

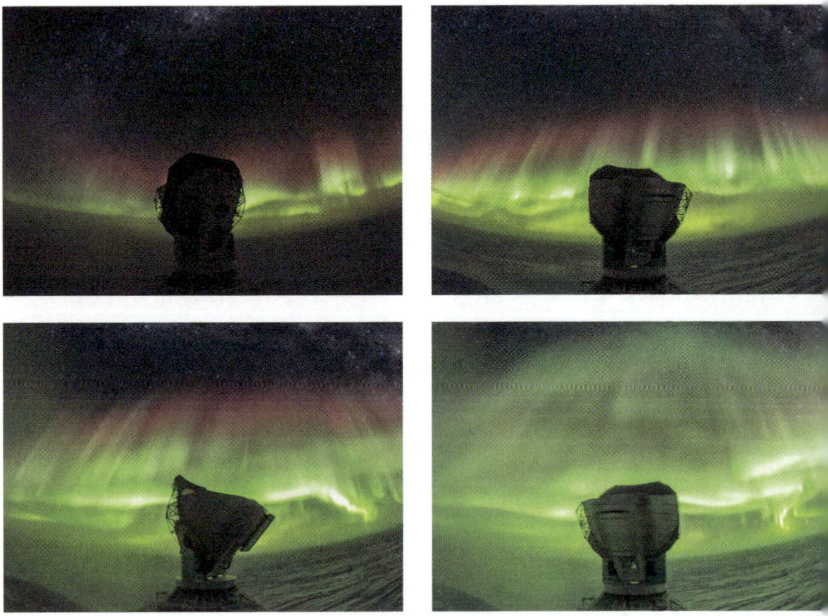

nit großer Variation der Polarlichter (alle Aufnahmen 6400 ISO, f2.8, 8s)

am betreffenden Institut angekommen ist. Je nachdem, zu welcher Jahreszeit die Beobachtungen stattfinden, kann es also einige Monate dauern, bis die Daten in den Norden gebracht werden können.

So ist es auch bei IceCube. Damals bei AMANDA waren es noch Magnetbänder, die in einem speziellen Set-up mit Luftbefeuchter betrieben wurden, um statische Aufladung und Zerstörung zu vermeiden. Bei kleineren Mikrowellenteleskopen wie SPUD/Keck und BICEP reichte die Bandbreite des Datensatelliten noch aus, und unsere Kollaboration erhielt die Daten lediglich mit ein paar Tagen Verzögerung.

Trip ins All

Am 20. Juli 2019 jährte sich die Mondlandung zum fünfzigsten Mal. Eine der größten Errungenschaften der Menschheit, denke ich. Am 15. Juli 1969 war die Apollo-11-Mission mit Neil Armstrong, Edwin (»Buzz«) Aldrin und Michael Collins mit einer Saturn-V-Rakete vom Kennedy Space Center in Florida zum Mond aufgebrochen. Am 20. Juli setzte die Landefähre Eagle um 21:17 Uhr mitteleuropäischer Zeit auf der Mondoberfläche auf. Einige Stunden später betrat Neil Armstrong, gefolgt von Edwin Aldrin, als erster Mensch den Mond; Michael Collins blieb in dem Modul Columbia im Mondorbit zurück.

Zu diesem Jahrestag organisierte ich einen Filmabend mit sämtlichen Aufnahmen der Mondlandung, dazu Hintergrundmaterial, Fernsehaufzeichnungen aus früheren Jubiläumsjahren und *Space-Night*-Sendungen. Und auf die Minute genau fünfzig Jahre nachdem Eagle auf ihm gelandet war, fotografierte ich den Mond mit dem Südpolschild im Vordergrund. Leider hatte der Wind aufgefrischt und Eiskristalle aufgewirbelt, sodass er sich hinter einem leichten Schleier verbarg.

f die Minute genau setzten vor Jahren die ersten Menschen auf m Mond auf

Space Night live, Videokonferenz Südpol-ISS

Mit dem Apollo-Programm der NASA haben zwölf Menschen – alles US-Amerikaner – den Mond betreten, bis es nach insgesamt sechs Mondlandungen Ende 1972 aus Kostengründen eingestellt wurde. Seither hat kein Mensch mehr seinen Fuß auf diesen oder gar einen anderen Himmelskörper gesetzt oder sich auch nur weiter als ein paar hundert Kilometer von der Erde entfernt. Gleichwohl hat sich die bemannte Raumfahrt stetig weiterentwickelt. Zunächst mit dem Shuttle-Programm der NASA, später boten die russische Raumstation MIR und seit 2000 die internationale Raumstation ISS eine Dependance im Orbit für langfristige Experimente in der Schwerelosigkeit.

Nun kreisten dort zwei Freunde von mir in der Umlaufbahn. Luca Parmitano, den ich 2008 beim vorletzten Astronauten-Auswahlverfahren der Europäischen Weltraumorganisation (ESA) kennengelernt hatte, war am 20. Juli, dem Jubiläum der Mondlandung, gemeinsam mit einem amerikanischen Astronauten und einem russischen Kosmonauten vom kasachischen Weltraumbahnhof Baikonur zu seinem zweiten ISS-Aufenthalt aufgebrochen. Bereits seit

Ein Bild der Winterover gehört zu jeder Überwinterung dazu, hier 1997

Die Wintercrew am zeremoniellen Südpol 1998

März 2019 war Christina Koch für die NASA an Bord der ISS. Im Winter 2005 hatte sie sich hier am Südpol als Kryotechnikerin um den Vorrat an flüssigem Helium gekümmert, das damals noch zur Kühlung der Mikrowellenteleskope gebraucht wurde.

Ein bisschen Wehmut packte mich dann doch. Auch ich hätte mir gut vorstellen können, ins All zu fliegen, und hatte mich 2008 bei der ESA beworben. So ganz abwegig ist das nämlich gar nicht, wenn man schon einige Zeit am Südpol verbracht hat. Für den Aufenthalt auf der ISS sind ganz ähnliche Qualitäten und Fähigkeiten gefragt wie auf der Amundsen-Scott-Station: Man muss psychisch mit der langen Isolation klarkommen und in prekären Situationen gelassen und überlegt reagieren können. Zudem ist Improvisationstalent gefragt. Wenn etwas nicht wie geplant funktioniert oder kaputtgeht, muss man sich mit den Dingen vor Ort zu helfen wissen.

Astronaut war also ein Job, den ich mir als »Schraubenzieher-Lötkolben«-Physiker gut hätte vorstellen können, und es machte mich stolz, wenn Freunde mich mit MacGyver verglichen. Außerdem hatte ich noch ein weiteres gutes Argument: Während meiner Winter am Südpol hatte ich ja jeweils nur einen Sonnenaufgang und

100 Jahre nachdem Amundsen den Südpol erreichte, habe ich 2011 seine Crew mit ins Winterover-Foto genommen

100 Jahre nach Scotts Ankunft am Südpol durfte er natürlich auch nicht fehlen (2012)

einen Sonnenuntergang pro Jahr. Ein Aufenthalt auf der ISS wäre also eine gute Möglichkeit gewesen, mit den dortigen 16 Sonnenauf- und -untergängen pro Tag wieder etwas aufzuholen.

Bei der ESA-Auswahl schaffte ich es immerhin bis unter die letzten zwei Prozent. In dieser Runde lernte ich auch Luca Parmitano kennen. Bei den letzten beiden Runden, der einwöchigen medizinischen Untersuchung und dem Schlussinterview, war ich leider nicht mehr dabei. Aber der Versuch war es auf jeden Fall wert, ich war froh, dass ich es probiert hatte. Bei meiner ersten Bewerbung für den Südpol hätte ich auch nicht gedacht, dass es klappen würde. So machte ich mich also 2010 wieder auf zur Alternative – ins »Space for the poor«, wie ich den Winter am Südpol – scherzhaft nannte.

Schließlich wurde Christina Koch die erste Winterover auf der ISS und stellte dabei mit ihren 328 Tagen im Orbit gleich noch einen Rekord auf. Üblich sind eigentlich sechs Monate.

Die »Hall of Fame«, alle Winterover-Crews seit 1957 sind im langen Gang der Station an der Wand verewigt

Am 7. September versammelten wir uns um Mitternacht zu einer privaten Videokonferenz mit der ISS. Trotz der späten Stunde war der Konferenzraum gut gefüllt. Denn es war Samstag und wir würden am nächsten Tag ausschlafen können. Nur in dieser Zeit hatten wir eine Satellitenverbindung, und natürlich richteten wir uns auch nach dem Zeitplan der Astronauten. Auf der ISS war gerade Mittag und so störten wir dort den Arbeitsablauf am wenigsten und konnten ein wenig mit Christina plaudern. Am anderen Ende der Verbindung schwebte sie mit ihrem Laptop durch die Raumstation und gab uns eine Führung durch die verschiedenen Module, vorbei an den in die Wände eingelassenen Metallregalen mit diversen Experimenten. Luca schob sich immer mal wieder, manchmal sogar kopfüber, ins Bild, und auch die anderen Crewmitglieder waren gelegentlich zu sehen. Bei einem Abstecher in die Cupola mit ihren Panoramafenstern konnten wir gemeinsam mit Christina die einzigartige Aussicht auf unseren Heimatplaneten genießen.

Die Plauderstunde ins All verging viel zu schnell, aber es war einfach fantastisch. Zumindest war ein kleiner Aufnäher mit der Antarktisflagge dort oben dabei, der jetzt die Wand in meinem Wohnzimmer ziert.

Abschied, nicht nur von den Polarlichtern

Mittlerweile hieß es Abschied nehmen vom dunklen Sternenhimmel und den Polarlichtern. Die nach und nach heller werdende Dämmerung kündigte den herannahenden Sommer an. Und es hieß vor allem auch: Packen für meinen endgültigen Abschied von der Station.

Es war erstaunlich, was sich über die Jahre so alles angesammelt hatte. Für einiges fand ich dankbare Abnehmer auf der Station, aber es blieb immer noch ein Berg an Sachen, den ich aus der Antarktis herausschaffen musste. Auch in Neuseeland lagerte noch eine ganze Menge, sodass ich insgesamt eineinhalb Kubikmeter mit einem Container nach Deutschland schicken musste.

Ich genoss die letzten Tage auf der Station. Viele fragten mich, ob ich mit einem lachenden und einem weinenden Auge gehen würde. »Nur mit einem lachenden«, entgegnete ich. Ich freute mich auf Familie und Freunde, darauf, endlich wieder länger als ein paar Wochen im Jahr daheim zu sein, auf den ersten Sommer seit zehn Jahren, auf die Berge, aufs Segeln, auf täglich frische Milch und all das, was ich so lange aufgeschoben hatte.

Bei der Frage, was ich am meisten vermissen würde, musste ich nicht lang überlegen – die Polarlichter und den Großteil der Leute. Ende Oktober, kurz bevor die Sommercrew eintraf, gab es noch eine große Überraschungsabschiedsparty für mich mit allen Winterovern. Und auch über die vielen Abschiedsbotschaften, die mich auf meinen Webseiten erreichten, freute ich mich sehr. All das stimmte mich kurzzeitig dann doch auch etwas melancholisch.

Am 9. November 2019 habe ich den Südpol verlassen: nach fünf Sommern und fünfzehn Wintern, insgesamt also 13,5 Jahren. Über ein Viertel meines bisherigen Lebens hatte ich dort verbracht! Es war eine super Zeit, ich möchte sie nicht missen.

Oft werde ich gefragt, wie ich es so lange am Südpol ausgehalten habe. Aber wäre es für mich beschwerlich gewesen, hätte ich gewiss nicht fünfzehn Mal überwintert. Mir ist es eben leichtgefallen. Für viele ist das unvorstellbar, aber wenn es einem liegt und Spaß macht, ist das kein großes Problem. So ist das ja eigentlich mit allen anderen Dingen auch. Es gibt Leute, die haben Spaß an einem Iron Man, an drei Kilometer Schwimmen, 42 Kilometer Laufen und 180 Kilometer Radeln. Das ist wiederum für mich unvorstellbar. Auch darf man nicht vergessen, dass es doch immer dieses Gefühl »wie auf einem anderen Planeten« gibt. Daheim könnte ich mit sechs Monaten Dunkelheit nichts anfangen, da stören mich allein schon die kurzen Tage im Winter, aber am Pol habe ich die Nacht geliebt. Entweder es packt einen das Polarvirus oder eben nicht. Und mich hat es gepackt. Selbst wenn ich nicht mehr für einen Forschungsaufenthalt an den Südpol zurückkehren werde, so komme ich doch noch regelmäßig auf Expeditionskreuzfahrten in die Antarktis. Da bin ich zwar immer noch weit vom Südpol entfernt und nur während des antarktischen Sommers dort, aber ein bisschen Polarluft kann ich trotzdem schnuppern und die einzigartige Schönheit und den Reiz des Kontinents erleben.

Anhang

Meine Experimente am Südpol

AMANDA
Nov 1996 – Nov 1997: AMANDA, SPASE, SPACE 2, VULCAN, GASP, RICE
Jan 1998 – Nov 1998: AMANDA, SPASE 2, VULCAN, RICE, AASTO, elektronische Arbeiten für CARA
Nov 1999 – Feb 2000: AMANDA
Nov 2002 – Nov 2003: AMANDA, SPACE 2, VULCAN

QUaD
Nov 2004 – Nov 2005
Jan 2006 – Nov 2006
Jan 2007 – Nov 2007

SPUD/Keck
Nov 2010 – Nov 2011
Feb 2012 – Nov 2012
Feb 2013 – Nov 2013
Feb 2014 – Nov 2014
Feb 2015 – Nov 2015
Feb 2016 – Nov 2016
Feb 2017 – Nov 2017
Feb 2018 – Nov 2018
Feb 2019 – Nov 2019

Glossar

Experimente

AMANDA – **A**ntarctic **M**uon **A**nd **N**eutrino **D**etector **A**rray, Neutrino-Detektor im Eis (1993–2009), mein Hauptexperiment in den ersten drei Wintern am Pol:

- AMANDA-A (1993): 4 Stränge, aber nur 1000 m tief (zu viele mikroskopische Luftbläschen im Eis)
- AMANDA-B4 (1996): 86 optische Module auf 4 Strängen. Erste Ausbaustufe von AMANDA-B10 (innerer Bereich)
- AMANDA-B10 (1997): 302 optische Module auf 10 Strängen. Zentralbereich des instrumentierten Zylinders: 500 m Höhe × 120 m Durchmesser
- AMANDA-B13 (1998): 426 optische Module auf 13 Strängen. Erste Ausbaustufe von AMANDA-II mit optischen Modulen ober- und unterhalb des Zentralbereichs
- AMANDA-II (2000): 677 optische Module auf 19 Strängen. Zentralbereich des instrumentierten Zylinders: 500 m Höhe × 200 m Durchmesser

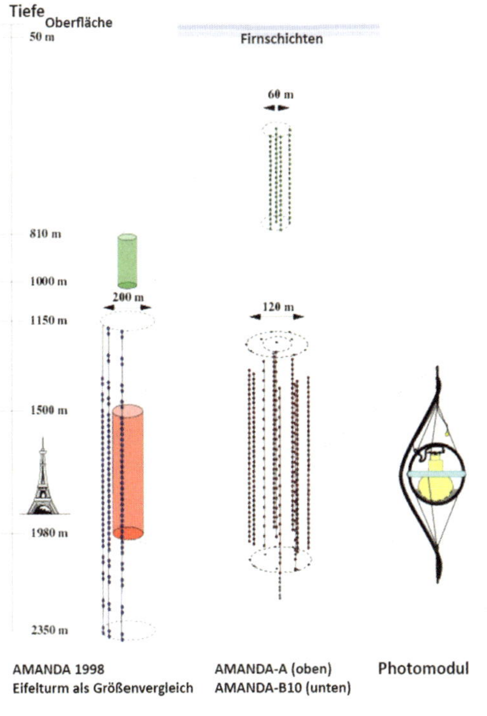

BICEP (1, 2, 3) – **B**ackground **I**maging of **C**osmic **E**xtragalactic **P**olarization, drei Generationen von Mikrowellenteleskopen der gleichen Kollaboration wie SPUD/Keck in DSL, unser »Schwesterteleskop«
BICEP Array – aktuelles Mikrowellenteleskop im MAPO (seit 2019); das Nachfolgeexperiment, das SPUD/Keck ersetzt, in der endgültigen Konfiguration bestehend aus vier BICEP-3-Detektoren auf einer neuen Montierung
CARA – **C**enter for **A**stronomical **R**esearch **A**ntarctica, beinhaltet alle Oberflächenteleskope in den 1990er Jahren
DASI – **D**egree **A**ngular **S**cale **I**nterferometer, erstes Mikrowellenteleskop im MAPO
GASP – **G**amma **A**stronomy **S**outh **P**ole, ein Luft-Cherenkov-Experiment, zur Erfassung von hochenergetischer Gammastrahlung von galaktischen und extragalaktischen Quellen
IceCube – Nachfolgeexperiment von AMANDA, im Dezember 2010 fertiggestellt, bestehend aus 5160 optischen Modulen auf 86 Strängen, nimmt ein Gesamtvolumen von 1 km^3 ein, daher der Name »Eiswürfel«
MAGIC – **M**ajor **A**tmospheric **G**amma-**R**ay **I**maging **C**herenkov Telescope, Gammastrahlen-Teleskop auf La Palma, das die Gammastrahlen indirekt über Teilchenschauer und deren Lichterscheinung in der Atmosphäre nachweist
QUaD – **QU**EST **a**t **D**ASI (2004–2007), zweites Mikrowellenteleskop im MAPO
QUEST – **Q** and **U** **E**xtragalactic **S**ub-mm **T**elescope
RISE – **R**adio **I**ce **C**herenkov **E**xperiment, zusätzliche Radioantennen in den AMANDA-Löchern sollten nach einem Radioanteil der Reaktion im Eis suchen
SPASE 1 & 2 – **S**outh **P**ole **A**ir **S**hower **E**xperiment, Experiment zum Aufzeichnen kosmischer Teilchenschauer, die die Erdoberfläche erreichen
SPT – **S**outh **P**ole **T**elescope, ein 10-Meter-Mikrowellenteleskop, war mit an dem ersten Foto eines Schwarzen Lochs beteiligt
SPUD/Keck (Array) – **S**mall **P**olarimeter **U**pgrade for **D**ASI (2010–2019), drittes Mikrowellenteleskop im MAPO, bestehend aus fünf BICEP-2-Detektoren auf einer Montierung (von der Keck Foundation mitfinanziert)
VULCAN – **V**ery **U**n**L**ikely **C**herenkov **A**rray **N**ame, ein Luft-Cherenkov-Experiment nach dem Funktionsprinzip von MAGIC, aber wesentlich kleiner, zur Untersuchung von Luftschauern, hervorgerufen durch kosmische Strahlung

Gebaude am Südpol

Annex – kleines Nebengebäude des Science-Gebäudes mit zusätzlichen Zimmern
ARO – **A**tmospheric **R**esearch **O**bservatory, Gebäude für Luftmessungen, betrieben von NOAA
Biomed – Name der Klinik am Südpol, im Dome ein eigenständiges Gebäude, in der neuen Station integriert
Comms – Gebäude im Dome, im Erdgeschoss: Funkraum, Elektronikwerkstatt; im ersten Stock: Billardraum, Bücherei, Fernsehraum, Store, zwei Büros

DSL – **D**ark **S**ector **L**ab(oratory), seit 2005 in Betrieb, beherbergt BICEP 1, 2, 3 und SPT
Galley – Gebäude im Dome, Begriff von der US-Navy übernommen, im Erdgeschoss: Küche, Speisesaal; im ersten Stock: weitere Tische, Bar, Dunkelkammer
ICL – **I**ce**C**ube **L**ab(oratory), seit 2006 das Herz des IceCube-Neutrino-Experiments, dieses Gebäude war davor ein zusätzliches Unterkunftsgebäude neben dem Dome und wurde 2004 an seinen neuen Standort gezogen
MAPO – **M**artin **A**. (Arthur) **P**omerantz **O**beservatory, seit 1994 in Betrieb, war das Labor all meiner drei größeren Experimente (AMANDA, QUaD, SPUD/Keck) und mein zweites Zuhause am Pol
Science – Gebäude im Dome, im Erdgeschoss: Arbeitsplätze für AMANDA, Meteorologie und andere Experimente, Computerraum, IT, Büro des WSM (Winter Site Manager); im ersten Stock: 15 Zimmer, Gemeinschaftsbad, kleine Waschküche

Flugzeuge
Basler – mit Turboprop-Motoren nachgerüstetes Douglas DC-3-Flugzeug, die meisten stammen noch aus den 1940er Jahren, die größten zivilen Flugzeuge, die mit Skiern bestückt werden können, betrieben von Kenn Borek Air
C-130 – Lockheed C-130 Hercules, viermotoriges Turboprop-Militärtransportflugzeug
LC-130 – Version der C-130 mit zusätzlichen Skiern am Fahrwerk, kann sowohl auf Rädern als auch auf Skiern landen, diese Version gibt es nur beim US-Militär
Twin Otter – de Havilland Canada DHC-6, kleine zweimotorige Maschine, kann mit Skiern ausgerüstet werden, neben der Basler das wichtigste zivile Flugzeug in der Antarktis, ebenfalls von Kenn Borek Air betrieben

Allgemein
Absoluter Nullpunkt – bei dieser Temperatur kommen alle Teilchen zum Stillstand, 0 K = -273,15 °C, nichts kann kälter sein
BAM – **B**ig **A**ss **M**irror, sperriger Spiegel, der extra für die Kalibration von SPUD aufwendig über dem Teleskop montiert werden musste
Berms – Reihen von Material, das hinter der Station in der Kälte gelagert werden kann, von Baumaterial über Gebäude bis zu Ersatzteilen; bevor es den Tunnel für die Lebensmittel gab, war dort auch ein eigener »Meat Berm«
(The) Dome – Südpolstation von 1975 bis 2005, die Gebäude im Inneren wurden 2005 entfernt, anschließend diente er bis zu seinem endgültigen Abbau 2010 als Lager
ECW gear – **E**xtreme **C**old **W**eather gear, unsere Polarausrüstung, die wir in Christchurch gestellt bekommen
Elevated Station – Südpolstation ab 2003, 2008 fertiggestellt und eingeweiht
Fahrenheit (°F) – Maßeinheit für Temperatur, $\{t\}\,°F = \{t\}\,°C \times 9/5 + 32$
Freshies – frisches Obst und Gemüse, welches eingeflogen wird
Fridge cycle – Prozedur, um die Detektoren auf Beobachtungstemperaturen zu

kühlen; der Kühlkreislauf ist ein geschlossenes dreistufiges System, in dem während des Zyklus He-4 und He-3 (Isotope von Helium mit zwei beziehungsweise einem Neutron im Kern) verflüssigt wird. Während der Beobachtungsphase verdampft das Helium wieder und hält den Detektor im Millikelvin-Bereich

Gravitationswellen – werden durch Änderungen des Gravitationsfeldes ausgelöst und breiten sich mit Lichtgeschwindigkeit aus. Einstein sagte sie 1915 in seiner Allgemeinen Relativitätstheorie vorher, 2015 gelang der erste direkte experimentelle Nachweis. SPUD/Keck versuchte den indirekten Nachweis als Beweis für eine kurzzeitige exponentielle Ausdehnung des Universums innerhalb der ersten Sekunde nach dem Urknall (Inflation). Wenn diese Inflation stattgefunden hat, müsste man heute noch ein charakteristisches Muster in der kosmischen Mikrowellenhintergrundstrahlung nachweisen können

House Mouse – wöchentliches Saubermachen der Station in Dreier- oder Vierer-Teams, jede Gruppe bekommt im Wechsel einen bestimmten Bereich zugeteilt

JATO – **J**et **A**ssisted **T**ake **O**ff, Flugzeugstart mit Feststoffraketen für zusätzlichen Schub

Kelvin (K) – Einheit der absoluten Temperaturskala

Kosmischer Mikrowellenhintergrund (3-Kelvin-Hintergrundstrahlung) – noch heute sichtbares Nachleuchten des Urknalls mit feinsten Temperaturschwankungen, das uns aus jeder Richtung erreicht. Das Spektrum entspricht inzwischen dem eines schwarzen Körpers mit einer Temperatur von 2,728 K

Lichtgeschwindigkeit im Vakuum – 299 792 km/s; nichts ist schneller als Licht im Vakuum

Lichtjahr – die Strecke, die Licht im Vakuum in einem Jahr zurücklegt: 9,46 Billionen Kilometer. Diese Einheit wird von Astronomen zur Angabe von Entfernungen im Universum verwendet

McTown – umgangssprachlicher Ausdruck für McMurdo

Medevac – **med**ical **evac**uation, Evakuierung aus medizinischen Gründen im Winter, erstmals im Winter 2001 (Ende April), die zweite 2003 (Ende September), die dritte 2016 (ein Tag nach Midwinter, 22.06.2016)

Meereis – gefrorenes Meerwasser, in der Antarktis meist nur einjährig und nur wenige Meter mächtig

Midwinter – der höchste Feiertag in der Antarktis, auf allen Stationen am gleichen Tag, entsprechend wird er gefeiert

Neutrinos – nahezu masselose Elementarteilchen, die kaum (nur über die sogenannte schwache Kraft) mit anderer Materie wechselwirken. Es gibt von ihnen drei Sorten. Die häufigsten sind die Elektron-Neutrinos, für AMANDA relevant waren die energiereicheren sogenannten Myon-Neutrinos

Neutrino-Nachweis im Eis – trifft ein Neutrino auf einen Atomkern im Eis, entstehen Elementarteilchen wie Elektronen oder deren schwere Brüder, die Myonen. In einem lichtdurchlässigen Medium – etwa Luft, Wasser, Eis – können sich diese geladenen Teilchen schneller bewegen, als Licht sich dort ausbreiten kann. In diesem Fall sendet das Teilchen aber selbst Licht aus (Cherenkov-Licht), und da es sich schneller als dieses bewegt, zieht es einen Lichtkegel hinter sich her, ähnlich wie der Schallkegel eines Überschallflugzeugs.

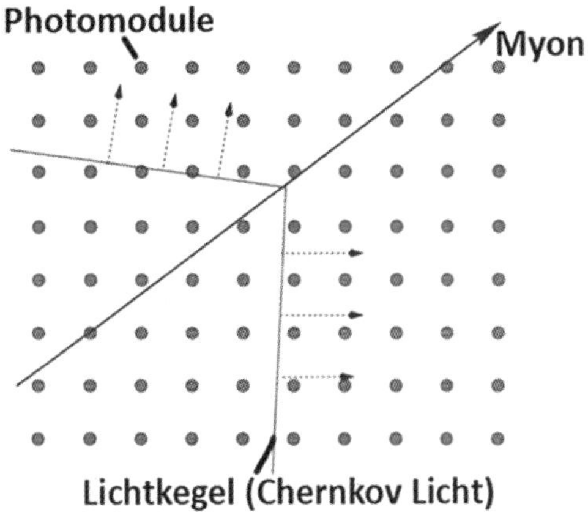

Die Photomodule im Eis messen die Ankunftszeit und Intensität der Lichtkegel. Anhand dieser Informationen lässt sich, zusammen mit der bekannten Position der Detektoren, der Weg der Myonen durch das Eis rekonstruieren. Daraus wiederum lässt sich ableiten, woher das ursprüngliche Neutrino stammt, und man kann es mit astronomischen Quellen in Verbindung bringen

NOAA – **N**ational **O**ceanic and **A**tmospheric **A**dministration, betreibt weltweite Forschung und Messungen der Ozeane und der Atmosphäre

NSF – **N**ational **S**cience **F**oundation, der Geldgeber des USAP und der Universitäten, die Experimente in der Antarktis betreiben

Old Pole – Südpolstation von 1956 bis 1975

Polarlichter – entstehen durch Elektronen und Protonen der Sonne, die vom irdischen Magnetfeld eingefangen und zu den Polregionen geleitet werden. Dort dringen sie in die Atmosphäre ein und regen Atome und Moleküle in einer Höhe von etwa 60 bis 500 Kilometer zum Leuchten an. Die Hauptaktivitätszone liegt zwischen 200 und 300 Kilometer. Trifft ein Elektron der Sonne zum Beispiel auf ein Sauerstoffatom, wird eines seiner Elektronen auf eine höhere Bahn gehoben. Nach einer kurzen Verweilzeit springt das Elektron wieder in den Grundzustand zurück und gibt dabei die durch den Stoß aufgenommene Energie in Form von Licht ab. Dabei leuchtet das Sauerstoffatom grün bei 557,7 Nanometern und rot bei 630,0 Nanometern. In besonders hohen Atmosphärenlagen können auch Stickstoffmoleküle angeregt werden, diese leuchten dann blau (427,8 Nanometer) und violett (391,4 Nanometer). Daneben können bei sehr starken Polarlichtausbrüchen noch weitere Farben aus anderen Atom- oder Molekülübergängen von Sauerstoff und Stickstoff auftreten

Sastrugi – stromlinienförmige Erhebungen oder Rillen im Schnee, trotz einer gewissen optischen Ähnlichkeit mit Wechten entstehen Sastrugi im Gegensatz zu diesen nicht durch Ablagerung, sondern durch windbedingte Abtragung von Schnee
Schelfeis – wird von Gletschern, vom Inlandeis oder von Eisströmen gespeist, wenige bis einige hundert Meter mächtig
Sommer – ab dem Zeitpunkt, wenn die Station wieder durch Flugzeuge erreichbar ist und die ersten neuen Leute eintreffen (Ende Oktober bis Mitte Februar)
Werkzeugmechaniker – eine Stelle, die von der University of Chicago besetzt wurde, er half bei den mechanischen Problemen der Teleskope und konnte alle möglichen Ersatzteile in der Werkstatt im MAPO anfertigen. Dadurch waren wir in den letzten Jahren die einzigen »Bewohner« von MAPO, und er war die Person, mit der ich vor allem in meinen Wintern an den Mikrowellenteleskopen am engsten zusammenarbeitete und mit die meiste Zeit verbrachte. Bis auf einen Kanadier kamen alle aus Australien (deshalb immer auch diese Flaggen oben auf MAPO)
Winter – ab dem Zeitpunkt, wenn das letzte Flugzeug mit Sommerleuten Mitte Februar abfliegt
Winterover – Person, die den Winter über auf einer Station bleibt
USAP – **U**nited **S**tates **A**ntarctic **P**rogram, ist für die drei amerikanischen Antarktisstationen zuständig

Dämmerungsphasen

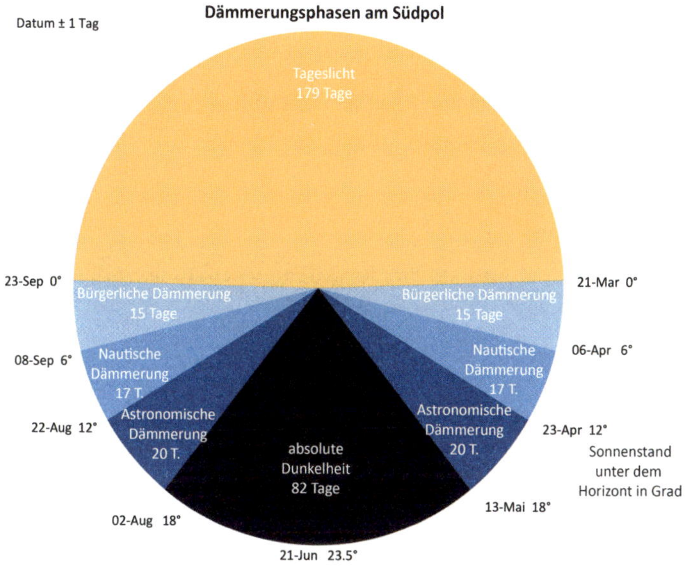

Definition der Dämmerungsphasen

Bürgerliche Dämmerung – die Sonne ist zwischen 0° und 6° unter dem Horizont. Die hellste Dämmerungsphase. In der Regel benötigt man draußen kein zusätzliches künstliches Licht, um den meisten Aktivitäten nachzugehen. Ohne Hilfsmittel können während dieser Phase nur die hellsten Himmelskörper am Himmel gesehen werden

Nautische Dämmerung – die Sonne ist zwischen 6° und 12° unter dem Horizont. Es ist dunkel und man benötigt für die meisten Aktivitäten zusätzliches künstliches Licht. Viele Sterne bis zur dritten Größenklasse sind mit bloßem Auge zu sehen, auch die ersten Sternbilder sind auszumachen. Außerdem ist der Horizont (Kimmlinie) noch erkennbar, was für die Navigation mit dem Sextanten wichtig ist

Astronomische Dämmerung – die Sonne ist zwischen 12° und 18° unter dem Horizont. Jetzt erreicht das Sonnenlicht auch die höheren Luftschichten über uns nicht mehr, der Himmel wird richtig dunkel und ist mit Sternen übersät

Ein Vergleich zwischen dem Leben im Südpolwinter und auf der ISS

Im Winter 2013, als Luca Parmitano zum ersten Mal im All war, kam mir die Idee, verschiedene Aspekte des Lebens am Südpol im Winter und auf der ISS miteinander zu vergleichen.

	Südpol im Winter	ISS
Gewicht	Etwas höher als in den meisten anderen Regionen der Erde, Grund ist die ellipsoide Form und die nicht vorhandene Fliehkraft in der Nähe der Erdachse.	Da sich die ISS im freien Fall um die Erde befindet, erfährt man Schwerelosigkeit.
Tag-Nacht-Zyklus	Der längste Tag-Nacht-Zyklus der Erde, ein Sonnenaufgang und ein Sonnenuntergang pro Jahr.	Der kürzeste Tag-Nacht-Zyklus, der im Moment möglich ist, ein Sonnenaufgang und ein Sonnenuntergang alle 90 Minuten.
Überlebensdauer draußen ohne Schutzausrüstung	Ein paar Minuten.	Ein paar Sekunden.
Essen	Weniger als 10 US-Dollar sind pro Person und Tag veranschlagt, erstaunlich, was die Köche daraus machen können.	Wenn Sterneköche das Essen vorher zubereiten, klingt das erst mal gut, ist aber teuer, und man muss es dann auch noch aus Beuteln essen.
Auswahlverfahren	Für Teile des Teams in manchen Jahren ein Witz. Zwar ist es inzwischen wieder besser geworden, dennoch ist noch viel Luft nach oben.	Man kann sich kaum ein intensiveres vorstellen.

	Südpol im Winter	ISS
Freshies (frisches Obst und Gemüse)	Das letzte Flugzeug bringt normalerweise noch mal eine ordentliche Menge, wodurch man für die ersten Wochen ein gutes Angebot hat, was allerdings schnell abnimmt. Danach gibt es für 8,5 Monate nichts mehr. Wobei das kleine Gewächshaus einen großen Unterschied macht.	Nicht viel, wegen des Gewichts, aber regelmäßiger, da es mehr Versorgungsflüge gibt.
Internet	Für etwa 12 Stunden, wirklich brauchbares sind aber nur 4 davon.	Ist langsam und sehr limitiert.
Training	Vieles lernt man erst vor Ort.	Sehr, sehr umfangreich.
Wie viele Menschen haben es gemacht	1633 Menschen haben zwischen 1957 und 2021 am Südpol überwintert.	600 Menschen waren seit Yuri Gagarin (1961) im All (Stand: NASA Nov 2021).
Sport	In der neuen Station mit der Turnhalle haben wir hier den klaren Vorteil, auch haben wir einen großen Fitnessraum.	2 Stunden am Tag sind Pflicht. Zwar sind die Möglichkeiten eingeschränkt, dafür gibt es die bessere Aussicht.
»Ein letztes Mal«	Wenn man auf eine 13-monatige Südpoltour geht oder auch »nur« auf eine 9,5-monatige Wintertour, dann gibt es viele »letzte Male«: letzte lange Dusche, letztes Gras, letzter Baum, letzte Kinder, letzter Hund, letzter Einkauf, letztes Fernsehen … Die Liste ist lang.	Ziemlich das Gleiche, mit ein paar weiteren Punkten, wie: die letzte frische Luft.

	Südpol im Winter	ISS
Duschen	Hier sind wir auch besser dran, auch wenn wir auf zweimal 2 Minuten pro Woche beschränkt sind.	Keine.
Notfallteams	Die Besatzung stellt die Feuerwehr und die Sanitäter selbst. Einen richtigen Arzt und PA (physician assistant) gibt es aber.	Ähnlich, die medizinischen Möglichkeiten und das Personal sind noch stärker eingeschränkt.
Evakuierung im Notfall	Im Notfall können nur 1 oder 2 Personen ausgeflogen werden, das wurde bisher dreimal durchgeführt. Dafür braucht es etwa 2 Wochen Vorlaufzeit auf beiden Seiten; am Pol müssen die Landebahn und das Betankungssystem vorbereitet werden, auf der anderen Seite müssen 2 Twin Otter von Kanada in die Antarktis verlegt werden.	Jede Crew hat ihre Raumkapsel als »Rettungsboot«, damit könnten sie innerhalb von Stunden die Station verlassen und zur Erde zurückkehren.
Geräusche	Einen ruhigen Platz gibt es in der Station nicht wirklich, andauernder Luftdurchsatz durch Belüftung und Heizung sowie die Lüfter der ganzen Elektronik sorgen für einen permanenten Geräuschpegel. Draußen ist es immer windig, und solange man in der Nähe der Station ist, hört man den Generator.	Da es keine Gravitation gibt, ist eine konstante mechanische Luftbewegung erforderlich, um die Luft zu mischen und verbrauchte Luft zu recyclen. Auch werden viele Lüfter bei der Kühlung eingesetzt.

	Südpol im Winter	ISS
Kühlung	Es klingt komisch, dass an einem der kältesten Orte der Erde Kühlung ein Problem ist, da aber der Luftdruck dem in einer Höhe von 3100 bis 3700 Metern entspricht, ist die Luft sehr dünn und absolut trocken, wodurch der Kühleffekt bei der Elektronik nicht wie in einer Standardatmosphäre wirkt. Sprich: Die Elektronik wird zu heiß.	Kühlung ist im All sogar noch eine größere Herausforderung, denn es fehlen 2 der 3 Wärmetransportmethoden, es gibt nur Strahlung, keine Konduktion oder Konvektion, wenn man versucht, Wärme ins All abzugeben.
Unterstützung von »Mission Control«	Oft scheint es so, als wäre Denver, wo die Zentrale des USAP und damit unsere »Mission Control« liegt, nicht für uns da, sondern wir für sie. Die Unterstützung ist sehr ausbaufähig.	Hier ist die »Mission Control« wirklich dafür da, die Astronauten in jeder erdenklichen Weise zu unterstützen.
Öffentliche Berichterstattung	Sehr wenig von dem, was hier passiert, gelangt in die Presse (wobei sich das durch die sozialen Medien etwas verändert hat). Wenn es mal zu einer Berichterstattung kommt, dann geht es höchstwahrscheinlich um schlechte Nachrichten.	Alles bekommt eine große Aufmerksamkeit in der Öffentlichkeit

Interessante Fakten

Verbrauchszahlen
Für den Winter 2006 hat der Chefkoch eine Liste dessen zusammengestellt, was die 64 Winterover vom 21. Februar bis zum 15. Oktober verbraucht haben (ohne Gemüse):

	insgesamt	durchschnittlicher Pro-Kopf-Verbrauch
Rindfleisch	2463 kg	38,5 kg
Schweinefleisch	1791 kg	28 kg
Geflügelfleisch	1275 kg	20 kg
Fisch/Meeresfrüchte	1114 kg	17,4 kg
Eier	22720	355 Eier
Pommes frites	693 kg	10,8 kg
Müsli	738 kg	11,5 kg
Käse	721 kg	11,3 kg
Butter	531 kg	8,3 kg
gefrorene Früchte	1197 kg	18,7 kg
Scheiben vorgefertigtes Brot (neben dem frisch gebackenen)	24300	380
Protein (Tofu, Tempeh, TVP etc.)	190 kg	3 kg
Ketchup	148 Liter	2,3 Liter
Orangensaft	5451 Liter	85 Liter
Milch	3998 Liter	62,5 Liter
Softeis	1635 Liter	25,6 Liter

Weitere interessante Zahlen und Fakten aus dem Jahr 2018 (ungefähre Angaben)

Treibstoffvorrat am Pol (Kerosin JP-8)	
am Anfang des Winters:	1475000 Liter
am 18.10 2018:	490000 Liter
Notfalltanks zusätzlich:	240000 Liter

Treibstoffverbrauch im Sommer:	38000 Liter pro Woche
Treibstoffverbrauch im Winter:	28000 Liter pro Woche
davon für den Generator:	25000 Liter pro Woche
für die Heizung der Außengebäude:	2200 Liter pro Woche
Treibstoffpreis am Pol inklusive Transportkosten:	27 US$ pro 3,78 Liter (1 US Gal)

eine Traverse von McMurdo bringt 380 000 Liter
eine Hercules kann im Schnitt 11 000 Liter Kerosin am Pol abgeben
eine Basler bekommt beim Auftanken am Pol 2000 Liter
eine Twin Otter 1400 Liter

Wasserverbrauch:
im Winter etwa 110 Liter pro Person und Tag (bei 40 Winterover)
im Sommer etwa 95 Liter pro Person und Tag. Das meiste Wasser wird in der Galley verbraucht, deshalb ist der durchschnittliche Pro-Kopf-Verbrauch im Winter höher

10 US$ werden pro Tag und Person an Essen veranschlagt

Abfall:
etwa 120 Kubikmeter im Winter, wird in die USA verschifft

Wetter und Wetterrekord
Jahresdurchschnittstemperatur: -49,5 °C
wärmster Monat: Januar, durchschnittlich -28 °C
kälteste Monate: Juli und August, durchschnittlich -63 °C
maximale Temperatur: am 25.12.2011 -12,3 °C
minimale Temperatur: am 23.06.1982 -82,8 °C

In der Saison 2002/03 trug ich jeden Tag die Temperatur in eine Tabelle ein. Man sieht deutlich die relativ stabilen »warmen« Sommertemperaturen, im Winter sind die Schwankungen dagegen deutlich größer. Gründe hierfür sind die starke Inversionslage im Winter sowie die unterschiedlich hohe Durchmischung der kalten Bodenschicht mit der wärmeren Inversionsschicht durch den Wind.

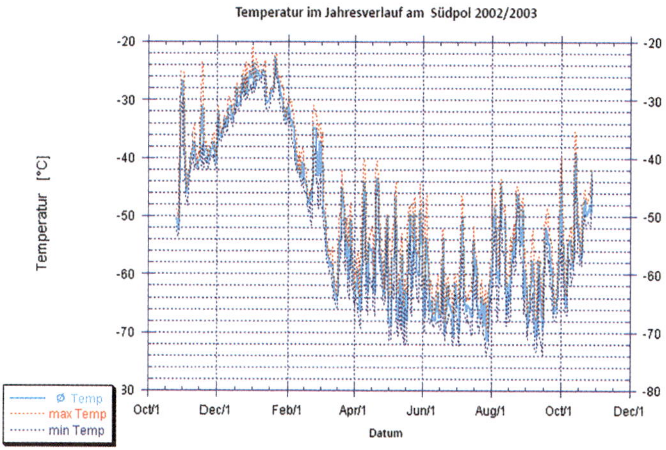

Südpolwetterdaten von 1997 als Beispiel

1997	Temperatur [°C]			Luftdruck [mbar]			Windgeschw. [km/h]	
	Max	Min	Durschnitt	Max	Min	Durschnitt	Max	Durschnitt
Januar	-20.4	-37.4	-29.1	695.1	679.5	689.7	42	12
Februar	-31.9	-54.6	-43.7	696.7	672.2	683.8	42	14
März	-41.8	-69.0	-55.4	685.1	666.1	675.4	50	18
April	-37.7	-72.7	-56.6	702.9	667.2	680.1	55	21
Mai	-45.2	-73.2	-58.3	686.1	661.3	674.3	61	20
Juni	-32.1	-73.4	-57.6	708.1	663.2	680.4	63	18
Juli	-34.2	-77.9	-65.8	681.9	651.3	670.1	45	17
August	-41.8	-76.4	-60.2	694.1	657.8	674.5	61	22
September	-35.6	-80.4	-60.5	697.1	656.7	677.1	64	18
Oktober	-38.7	-62.3	-55.3	690.8	662.7	678.2	45	14
November	-25.4	-53.9	-34.6	704.5	664.3	693.8	53	22
Dezember	-22.5	-32.8	-28.1	697.7	678.9	689	40	13
Durchschnitt			-50.4			680.5		17

1997	Sonnenschein pro 24 Std.	klare	teilweise bedeckte	bedeckte	Schnee-akkumulation
	[Std.]		Tage		[cm]
Januar	19.7	11	16	4	1.1
Februar	22.1	10	14	4	0.5
März	12.2	11	15	5	1.4
April	0	9	13	8	7.3
Mai	0	19	11	1	1.2
Juni	0	16	11	3	3.4
Juli	0	24	4	3	4.2
August	0	16	10	5	1.7
September	8.1	7	11	12	4.0
Oktober	21.2	14	8	9	0.2
November	19.1	10	10	10	0.5
Dezember	18.8	10	13	8	-1.0
Summe		157.0	136.0	72.0	24.6

Windrichtung gemittelt von Januar 1957 bis September 2000:

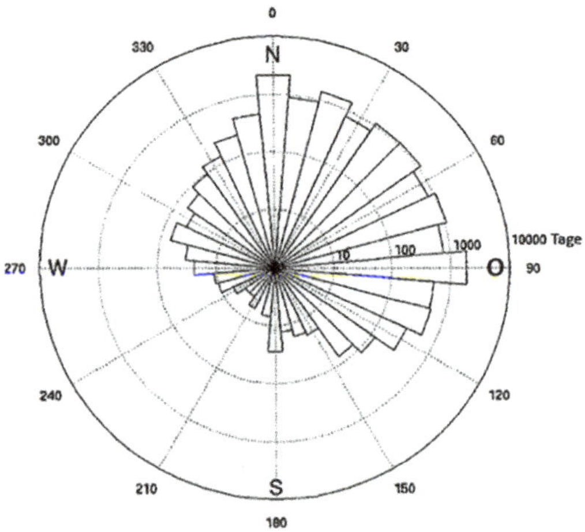

Zum Weiterklicken und Weiterlesen

**Mein Leben am Südpol im Web,
Hintergrundinformationen zu den Experimenten
und Zeitrafferaufnahmen von Polarlichtern**

www.antarctic-adventures.de/buch.html

Der südliche Sternenhimmel

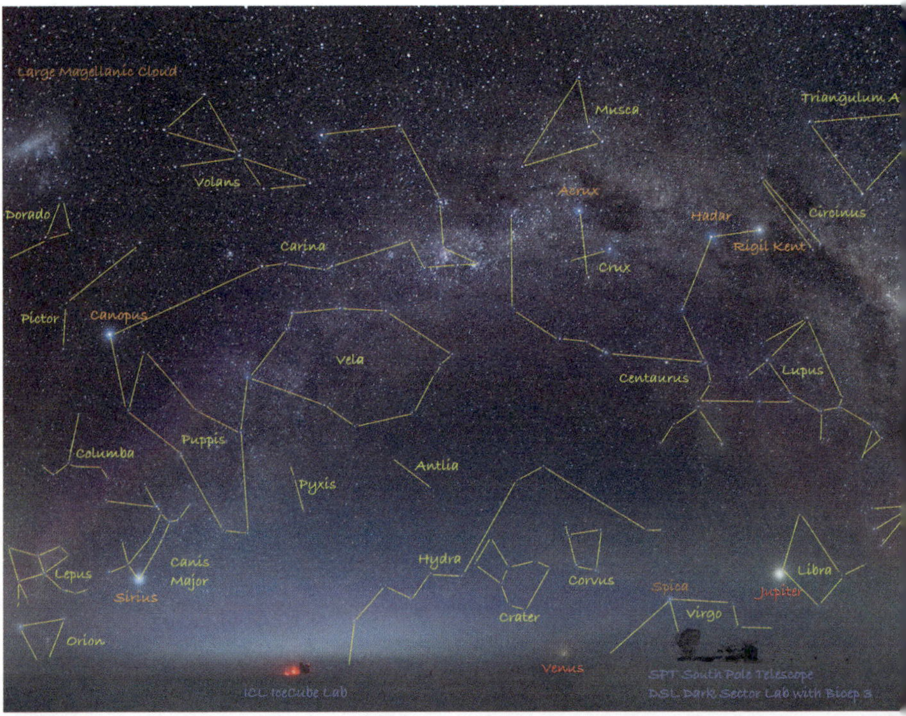

Small Magellanic Cloud
Hydrus
Pavo
Reticulum
Tucana
Achernar
Horologium
Dorado
Telescopium
Indus
Corona Australis
Grus
Caetum
Phoenix
Eridanus
Microscopium
Sagittarius
Fomalhaut
Sculptor
Fornax
Mars
Picis Austrinus
Saturn
Cetus
Capricornus
Scutum
geographic South Pole with Amundsen-Scott South Pole Station
Aquarius
Serpens
Aquila
MAPO Martin A. Pomerantz Observatory with SPUD/Keck array
dark sector hub
satellite dishes

Dank

Felicitas Mokler möchte Robert Schwarz ganz herzlich dafür danken, dass er sie auf diese Weise an seinen Erlebnissen am Südpol hat teilhaben lassen, und vor allem für das Vertrauen in sie, aus all den spannenden Erzählungen ein Buch zu machen.

Robert Schwarz möchte sich bei Herneid von dem Knesebeck für den Kontakt zum Verlag bedanken. Beide Autoren sind dem Lektor Michael Lenkeit für seine aufmerksame Durchsicht des Manuskripts und seine Anregungen dazu zu Dank verpflichtet. Ebenso danken die Autoren Frau Bürger und Herrn Buohler sowie dem Team des Knesebeck Verlags dafür, das Manuskript in ein schönes Buch verwandelt zu haben.

Des Weiteren möchte Robert Schwarz Michael Martin für seine wertvollen Ratschläge danken. Vor allem gebührt sein Dank Felicitas Mokler für die mühevolle Aufgabe, seine stundenlangen Erzählungen in eine Struktur und zu Papier zu bringen.

Über die Autoren und wie das Buch entstand

Robert Schwarz wurde 1970 in München geboren. Schon während seiner Schulzeit in Germering faszinierten ihn die Naturwissenschaften, zuerst Biologie und dann vor allem Chemie, Physik und Astronomie. Aber auch Elektronik und handwerkliche Tätigkeiten lagen ihm mehr als Theorie. Nach dem Abitur diente er als Zeitsoldat zwei Jahre bei den Fallschirmjägern in Nagold und Calw. 1992 begann er, Physik und Astronomie an der Ludwig-Maximilians-Universität München und der University of Southern Colorado (USA) zu studieren. Auch während dieser Zeit reizten ihn viele Outdooraktivitäten in den Bergen und auch weiterhin das Fallschirmspringen und Gleitschirmfliegen. Noch während seines Studiums war er von 1996 bis 1998 zum ersten Mal als wissenschaftlicher Mitarbeiter der University of Wisconsin (Madison, USA) auf der Amundsen Scott South Pole Station für ein Neutrino-Teleskop tätig. Seither arbeitete er immer wieder für verschiedene amerikanische Universitäten an Mikrowellenteleskopen am geografischen Südpol und beschäftigte sich bei seinen letzten Projekten mit der Erforschung der kosmischen Hintergrundstrahlung – dem Nachleuchten des Urknalls. Die Steigerung zur Antarktis wäre der Weltraum gewesen, 2008 kam Robert Schwarz unter die letzten zwei Prozent der ESA-Astronautenbewerber.

Robert Schwarz hat insgesamt mehr als ein Viertel seines bisherigen Lebens in der Antarktis verbracht. Davon 15 Winter am geografischen Südpol. Niemand war länger dort.

Auch nach so vielen Einsätzen hat die Antarktis für ihn nichts von ihrer Faszination verloren. »Wie auf einem anderen Planeten«, so beschreibt er seinen Stationsalltag und die Forschungsarbeit am Südpol in Vorträgen, auch auf Expeditionskreuzfahrtschiffen in die Antarktis.

Auf einer dieser Fahrten war auch der Verlagsgründer Herr von dem Knesebeck an Bord, und so kam die Idee zum Buch. Selbst zu schreiben kam nicht in Frage, da dies eine der Tätigkeiten ist, die er schon zu Schulzeiten überhaupt nicht mochte.

Felicitas Mokler wurde 1976 in München geboren und wuchs in Germering auf. Als Kind wollte sie Astronautin werden, doch als 1986 die Challenger verunglückte, wurde ihr etwas mulmig, und sie beschloss, das Weltall lieber als Astrophysikerin von der Erde aus zu erforschen.

War es an einem der Beobachtungsabende auf der Schulsternwarte oder in der lokalen Vereinigung von Amateurastronomen? Wann genau Felicitas Mokler und Robert Schwarz sich das erste Mal begegnet sind, wissen beide nicht mehr so genau. In jedem Fall war es das gemeinsame Interesse an der Astronomie, zunächst als Hobby, später als Beruf, das sie nach wie vor teilen.

Nach dem Abitur zog es Felicitas Mokler zum Physikstudium direkt in die Ferne: zunächst ans Imperial College London und für ein Erasmus-Jahr an die Universidad de La Laguna de Tenerife, eng verbunden mit dem Instituto de Astrofisica de Canarias, wo sie ganz ihrer Leidenschaft für Astrophysik nachgehen konnte. Zurück in München, schloss sie ihr Studium an der Ludwig-Maximilians-Universität ab und promovierte schließlich über Planetenentstehung. Nach einiger Zeit in der Forschung wechselte sie in die Wissenschaftskommunikation und arbeitet inzwischen für die Fach- und Tagespresse und hat das Onlinemagazin »Die Weltraumreporter« (weltraumreporter.de) bei der RiffReporter eG gegründet. Felicitas Mokler ist Co-Autorin des Buchs *Polarlichter* (Knesebeck Verlag), zuletzt erschien ihr Buch *Astronomie und Universum* im KOSMOS-Verlag. Als Lektorin ist sie regelmäßig per Schiff zu den Polarlichtern in Norwegen unterwegs. 2008 erhielt sie den Klaus-Tschira-Preis für verständliche Wissenschaft.

Als der Knesebeck Verlag auf Robert Schwarz zukam, entstand die Idee zu einem Buch. Doch zunächst lag diese noch eine Weile auf Eis – im wahrsten Sinne des Wortes, denn Robert Schwarz zog es doch noch einmal für zwei Winter zum Südpol. Endgültig zurück in der grünen Welt, ließ sich das Projekt dann realisieren. In stundenlangen Skype-Sessions ließ Robert Schwarz seine Zeit am Südpol Revue passieren, Felicitas Mokler brachte Struktur in die Geschichten und schrieb schließlich dieses Buch, stets im engen Austausch mit Robert Schwarz.

Deutsche Originalausgabe
3. Auflage 2025

Holzstraße 26, 80469 München
sekretariat@knesebeck-verlag.de
Ein Unternehmen der Média-Participations

Projektleitung: Hans Peter Buohler, Knesebeck Verlag
Lektorat: Michael Lenkeit, Stuttgart
Fotografien: Robert Schwarz, Eschenlohe
Karten: Martina Frank, München
Gestaltung und Umschlaggestaltung: Favoritbüro, München
Satz: Buch-Werkstatt GmbH, Bad Aibling
Herstellung: Arnold & Domnick, Leipzig
Druck: Livonia Print, Riga
Printed in Latvia

ISBN 978-3-95728-581-2

www.knesebeck-verlag.de

MIX
Papier | Fördert gute Waldnutzung
FSC® C002795

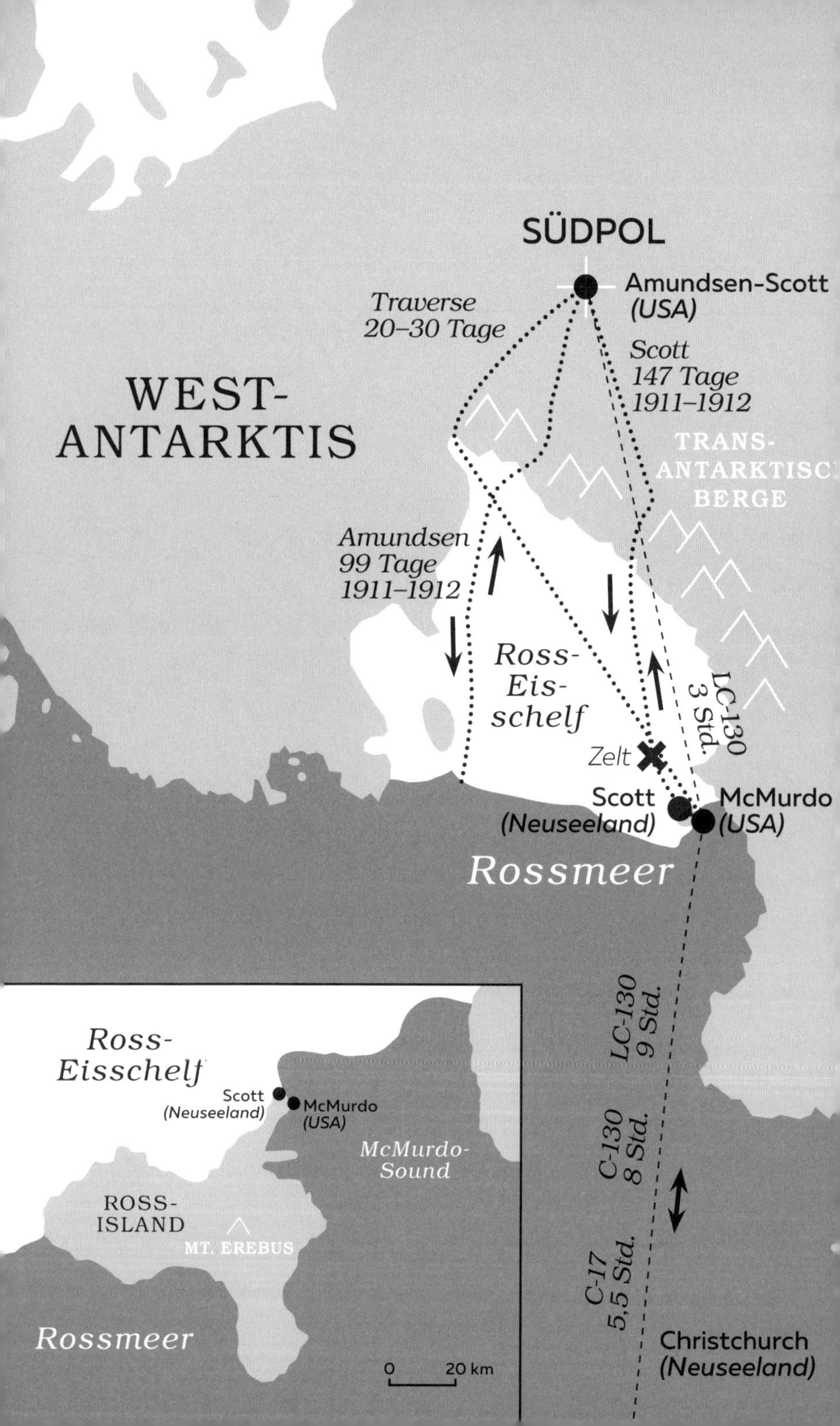

SÜDPOL
Amundsen-Scott
(USA)
Traverse
20–30 Tage
Scott
147 Tage
1911–1912
WEST-
ANTARKTIS
TRANS-
ANTARKTISC
BERGE
Amundsen
99 Tage
1911–1912
Ross-
Eis-
schelf
LC-130
3 Std.
Zelt
Scott
(Neuseeland)
McMurdo
(USA)
Rossmeer
LC-130
9 Std.
C-130
8 Std.
C-17
5,5 Std.
Christchurch
(Neuseeland)
Ross-
Eisschelf
Scott
(Neuseeland)
McMurdo
(USA)
McMurdo-
Sound
ROSS-
ISLAND
MT. EREBUS
Rossmeer
0
20 km